TOBULA SUSAPAUKŲ KŪPININKO KNYGA PRADEDANTIEMS

100 receptų, kaip įvaldyti kepimo meną ir sukurti nuostabius desertus draugams ir šeimos nariams

Gintautė Kazlauskienė

Visos teisės saugomos.

Atsisakymas

Šioje el. knygoje pateikta informacija turi būti visapusiškas strategijų, apie kurias šios el. knygos autorius atliko tyrimą, rinkinys. Santraukos, strategijos, patarimai ir gudrybės yra tik autoriaus rekomendacijos, o šios el. knygos skaitymas negarantuoja, kad rezultatai tiksliai atspindės autoriaus rezultatus. Elektroninės knygos autorius dėjo visas pagrįstas pastangas, kad elektroninės knygos skaitytojams pateiktų naujausią ir tikslią informaciją. Autorius ir jo partneriai neprisiima atsakomybės už bet kokias netyčines klaidas ar praleidimus. El. knygos medžiagoje gali būti trečiųjų šalių informacijos. Trečiųjų šalių medžiagą sudaro jų savininkų nuomonė. Todėl el. knygos autorius neprisiima atsakomybės už bet kokią trečiųjų šalių medžiagą ar nuomones.

El. knygos autorių teisės priklauso © 2022, visos teisės saugomos. Draudžiama perskirstyti, kopijuoti arba kurti išvestinį darbą iš šios el. knygos visos ar jos dalies. Jokia šios ataskaitos dalis negali būti atgaminta ar perduota bet kokia forma be raštiško ir pasirašyto autoriaus leidimo.

TURINYS

TURINYS 3
ĮVADAS 7
TRUMPŲ DUONOS SAUSAINIAI 8
   1. Migdoliniai trapios tešlos sausainiai 9
   2. Rudojo cukraus trapios tešlos sausainiai 11
   3. Šokoladu mirkyti makadamijų riešutų trapios tešlos sausainiai 14
   4. Vaisiniai trapios tešlos sausainiai 17
   5. Levandų trapios tešlos sausainiai 20
   6. Mokos trapios tešlos sausainiai 23
   7. Žemės riešutų trapios tešlos sausainiai 26
   8. Prieskoniai trapios tešlos sausainiai 29
   9. Pekano trapios tešlos sausainiai 31
   10. Oregono lazdyno riešutų trapios tešlos sausainiai 34
ŠOKOLADINIAI SAUSAINIAI 36
   11. Konteinerių ir karamelinių sausainių 37
   12. Kanapių sausainis 39
   13. Cake mix sausainiai 41
   14. Devil Crunch Cookies 43
   15. Pekano sausainiai 45
   16. Plaktos grietinėlės pyragaičiai 47
   17. Tortų mišinys sumuštinių sausainiai 49
   18. Granola ir šokoladiniai sausainiai 51
   20. Vokiški slapukai 53
   21. Anisettės sausainiai 55
   22. Saldūs žali sausainiai 58
   23. Šokoladiniai sausainiai 60
BISCOTTI 63

24.	Brownie Biscotti	64
25.	Migdolų biscotti	67
26.	Anyžių biscotti	70
27.	Anyžių citrinų biscotti	73
28.	Vyšnių biscotti	76
29.	Lazdyno riešutų ir abrikosų biscotti	79
30.	Biscotti su citrininiu rozmarinu	82

CUKRINIAI SAUSAINIAI 85

31.	Migdolų cukraus sausainiai	86
32.	Cukriniai sausainiai	89
33.	Cukriniai sausainiai su sviestiniu kremu	91
34.	Migdolų plytų cukraus sausainiai	94
35.	Cukriniai amišų sausainiai	96
36.	Pagrindiniai taukų cukraus sausainiai	99
37.	Cinamoniniai cukraus sausainiai	101
38.	Susmulkinti cukraus sausainiai	103
39.	Pekano cukraus sausainiai	105
40.	Prieskonių cukraus sausainiai	107
41.	Pistacijų cukraus sausainiai	109

SŪRINIAI SAUSAUTINIAI 111

42.	Sūrio užkandžių sausainiai	112
43.	Sausainiai su šokolado gabaliukais	114
44.	Abrikosų kreminio sūrio sausainiai	116
45.	Sūrio žemės riešutų sviesto sausainiai	119
46.	Varškės sausainiai	121
47.	Varškės aviziniai sausainiai	123
48.	Kreminio sūrio ir želė sausainiai	125
49.	Kremo sūrio išpjaustyti sausainiai	127
50.	Jumbo kreminio sūrio žemės riešutų sviesto sausainis	130
51.	Meksikietiški sūrio sausainiai	132
52.	Apelsinų-grietinėlės sūrio sausainiai	134
53.	Žolelių-sūrio obuolių sausainiai	136

54.	Ricotta sūrio sausainiai	138
55.	Kramtomi šokoladiniai-grietinėlės sūrio sausainiai	140

IMBIERINIAI SAUSAINIAI 142

56.	Močiutės gingersnaps	143
57.	Imbieriniai berniukai	145
58.	Šokoladiniai romo rutuliukai	148
59.	Imbieriniai melasos sausainiai	150
60.	Kramtomi imbieriniai kalėdiniai sausainiai	153
61.	Nuleiskite imbierinius sausainius	155
62.	Imbieriniai citrininiai sausainiai	157
63.	Mažo riebumo imbieriniai sausainiai	159
64.	Moliūgų ir šviežių imbierinių sausainių	161
65.	Minkšti imbieriniai sausainiai	163
66.	Saldžių sapnų imbieriniai sausainiai	165

NEMOKĖTI SLAPUKAI 167

67.	Apelsinų spanguolių lašai	168
68.	Cukrinių slyvų lašai	171
69.	Vienos pusmėnulio šventiniai slapukai	174
70.	Spanguolių Hootycreeks lašai	177
71.	Obuolių-razinų lašinukai	180
72.	Mėlynių lašų sausainiai	183
73.	Vyšniniai sausainiai	185
74.	Kakaviniai sausainiai	187
75.	Datos užpildyti lašinkite slapukus	189
76.	Devil's food drop sausainiai	192
77.	Hickory nut drop sausainiai	195
78.	Ananasų lašų sausainiai	197
79.	Razinų ananasų lašinukai	199
80.	Cukinijų lašinukai	201

SUSUKAUTINIAI 203

81.	Šokoladiniai triufelių sausainiai	204

82.	AVIŽINIŲ DRIBSNIŲ KREMINIAI SUMUŠTINIAI	208
83.	CREAM PUFFS IR ÉCLAIRS RING CAKE	212
84.	LEDŲ SAUSAINIŲ SUMUŠTINIS	215
85.	ITALIŠKI BRAŠKIŲ SUMUŠTINIAI	217
86.	SUMUŠTINIAI SU MORKŲ PYRAGU	220
87.	IMBIERO RIEŠUTŲ LEDAI	223
88.	ŠOKOLADINIS SAUSAINIS IR VANILINIS SUMUŠTINIS	226
89.	VANILINIŲ SOJŲ LEDŲ SUMUŠTINIS	229
90.	RENTGENO SPINDULIŲ LEDŲ SUMUŠTINIAI	232
91.	ŠOKOLADINIAI SOJŲ LEDAI	235
92.	DVIGUBI ŠOKOLADINIAI SUMUŠTINIAI	238
93.	ŠOKOLADINIS KOKOSO LEDŲ SUMUŠTINIS	241
94.	ŠALDYTI ŠOKOLADINIAI BANANAI	244
95.	LEDŲ SAUSAINIŲ SUMUŠTINIS	246

SNICKERDOODLE 248

96.	SNICKERDOODLES IŠ KUKURŪZŲ MILTŲ	249
97.	MAŽO RIEBUMO SNICKERDOODLES	252
98.	VISO GRŪDO KVIEČIŲ SNICKERDOODLES	255
99.	SNICKERDOODLES KIAUŠINIENĖ	258
100.	ŠOKOLADINIAI SNICKERDOODLES	261

IŠVADA 264

ĮVADAS

Žodis sausainis reiškia „mažus pyragaičius", kilusius iš olandų kalbos žodžio „koekje" arba „koekie". Sausainiuose yra daug tų pačių ingredientų, kaip ir pyragaičiuose, išskyrus tai, kad juose yra mažesnė skysčio ir didesnė cukraus bei riebalų proporcija miltuose.

Sausainių receptus galima paruošti daugybės formų, skonių ir tekstūrų bei papuošti. Atrodo, kad kiekviena šalis turi savo mėgstamiausią: Šiaurės Amerikoje tai šokolado gabalėlis; Jungtinėje Karalystėje tai trumpas pyragas; Prancūzijoje – sabalai ir makaronai; ir jos biscotti Italijoje.

Sausainių receptai paprastai skirstomi į kategorijas pagal tešlos ar tešlos sklandumą, pagal jų formavimo būdą – batonėliai, numesti, šaldytuvas / šaldytuvas, formuoti, presuoti arba iškočioti. Be to, kai kurie slapukų tipai yra kitų potipiai. Ruošiamo sausainių recepto tipas lemia jų maišymo būdą, tačiau dažniausiai naudojamas įprastas pyrago arba kremo ruošimo būdas. Sausainiai gali būti kepami arba vadinami nekepamais, kai jie gali būti gaminami iš paruoštų valgyti grūdų, tokių kaip ryžių krispies, avižiniai dribsniai, riešutai, džiovinti vaisiai ar kokosas, ir laikomi kartu su virtu sirupu arba pašildytu cukraus pagrindu. pavyzdžiui, lydytų zefyrų ir sviesto.

TRUMPŲ duonos sausainiai

1. Migdoliniai trapios tešlos sausainiai

Išeiga: 3 dešimtys

Ingridientai

- 1 puodelis miltų, universalus
- ½ puodelio kukurūzų krakmolo
- ½ stiklinės cukraus, miltelių
- 1 puodelis migdolų, smulkiai pjaustytų
- ¾ puodelio sviesto; suminkštėjo

Kryptys

a) Sumaišykite miltus, kukurūzų krakmolą ir cukraus pudrą; įmaišykite migdolus. Pridėti sviesto; plakite mediniu šaukštu, kol susidarys minkšta tešla.

b) Iš tešlos suformuokite mažus rutuliukus. Padėkite ant neteptos sausainių skardos; kiekvieną rutulį išlyginkite lengvai miltais pabarstyta šakute. Kepkite 300 laipsnių temperatūroje nuo 20 iki 25 minučių arba tol, kol kraštai bus tik švelniai rudi.

c) Prieš laikydami atvėsinkite.

2. Rudojo cukraus trapios tešlos sausainiai

Išeiga: 12 porcijų

Ingridientai

- 1 stiklinės nesūdyto sviesto; kambario temperatūra
- 1 puodelis supakuoto šviesiai rudojo cukraus
- 2 puodeliai universalių miltų
- $\frac{1}{4}$ arbatinio šaukštelio druskos
- 1 valgomasis šaukštas cukraus
- 1 arbatinis šaukštelis Malto cinamono

Kryptys

a) Įkaitinkite orkaitę iki 325 laipsnių. Lengvai ištepkite 9 colių spyruoklinę keptuvę. Naudodami elektrinį maišytuvą, išplakite 1 puodelį sviesto didesniame dubenyje iki šviesios ir purios masės.

b) Suberkite rudąjį cukrų ir gerai išplakite. Gumine mentele sumaišykite miltus ir druską (nepermaišykite). Tešlą įspauskite į paruoštą skardą. Mažame dubenyje sumaišykite cukrų ir cinamoną. Tešlą pabarstykite cinamono cukrumi. Tešlą supjaustykite į 12 pleištų, naudodami liniuotę ir perpjaukite tešlą. Kiekvieną pleištą kelis kartus persmeikite dantų krapštuku.

c) Kepkite, kol trapios tešlos pyragaičiai taps rudi, tvirti kraštuose ir šiek tiek minkšti centre, apie 1 valandą. Trapius pyragus visiškai atvėsinkite keptuvėje ant grotelių. Nuimkite keptuvės šonus.

3. Šokoladu mirkyti makadamijų riešutų trapios tešlos sausainiai

Išeiga: 36 porcijos

Ingridientai

- 1 puodelis Sviesto
- ¾ puodelio cukraus pudros
- 1 arbatinis šaukštelis vanilės
- 2 stiklinės išsijotų miltų
- ¾ puodelio kapotų makadamijų riešutų
- 1 puodelis pieninio šokolado drožlių arba -
- 1 puodelis pusiau saldaus šokolado drožlių
- 1½ arbatinio šaukštelio Daržovių patrumpinimas

Kryptys

a) Dideliame dubenyje išplakite sviestą, cukrų ir vanilę iki šviesios ir purios masės. Palaipsniui įmaišykite miltus, kol gerai susimaišys. Įmaišykite makadamijos riešutus.

b) Tešlą dėkite ant vaško popieriaus ir suformuokite dviejų colių skersmens ritinį.

c) Suvyniokite į popierių ir foliją ir atvėsinkite mažiausiai dvi valandas arba per naktį.

d) Įkaitinkite orkaitę iki 300 laipsnių. Supjaustykite ritinį griežinėliais apie. nuo ¼ iki ½ colio storio. Kepkite ant neteptos kepimo skardos 20 minučių arba kol sausainiai pradės ruduoti. Išimkite iš orkaitės; atvėsinti ant grotelių.

e) Tuo tarpu mažame dubenyje ištirpinkite šokolado drožles (gerai veikia mikrobangų krosnelė) ir įmaišykite. Gerai ismaisyti. Įmerkite vieną kiekvieno sausainio galą į šokolado mišinį ir padėkite ant vaško popieriaus.

f) Šaldykite sausainius, kol šokoladas sukietės. Laikyti vėsioje vietoje. Padaro 2-3 dešimtis sausainių.

4. Vaisiniai trapios tešlos sausainiai

Išeiga: 36 porcijos

Ingridientai

- 2½ stiklinės miltų
- 1 arbatinis šaukštelis dantų akmenų kremas
- 1½ puodelio konditerinio cukraus
- 1 9 uncijos. dėžutė Nonesuch faršas
- 1 arbatinis šaukštelis vanilės
- 1 arbatinis šaukštelis Kepimo soda
- 1 puodelis sviesto, suminkštintas
- 1 Kiaušinis

Kryptys

a) Įkaitinkite orkaitę iki 375 F. 2. Sumaišykite miltus, sodą ir tartų grietinėlę.

b) Dideliame dubenyje iki purumo išplakti sviestą ir cukrų. Įdėkite kiaušinį.

c) Įmaišykite vanilę ir trupintą faršą.

d) Sudėkite sausus ingredientus. Gerai išmaišykite, tešla bus standi.

e) Susukite į 1¼ colio rutuliukus. Padėkite ant neteptos sausainių skardos, šiek tiek išlyginkite.

f) Kepkite 10-12 minučių arba iki šviesiai rudos spalvos. Dar šiltą apliekite konditerinio cukraus, pieno ir vanilės glaistu.

5. Levandų trapios tešlos sausainiai

Išeiga: 1 partija

Ingridientai

- ½ stiklinės nesūdyto sviesto kambario temperatūroje
- ½ stiklinės neišsijoto konditerinio cukraus
- 2 arbatiniai šaukšteliai džiovintų levandų žiedų
- 1 arbatinis šaukštelis Susmulkintų džiovintų šaltmėčių lapelių
- ⅛ arbatinio šaukštelio cinamono
- 1 puodelis Nesijotų miltų

Kryptys

a) Įkaitinkite orkaitę iki 325 F. Paruoškite 8 colių kvadratinę kepimo skardą, išklodami ją aliuminio folija ir lengvai padengdami foliją augalinio aliejaus purškikliu.

b) Sviestą ištrinkite iki šviesaus ir purumo. Įmaišykite cukrų, levandas, šaltmėtę ir cinamoną. Suberkite miltus ir maišykite, kol mišinys taps trupinis. Sukrėskite jį į paruoštą skardą ir paskleiskite iki lygumo, lengvai paspausdami, kad tolygiai sutankintumėte.

c) Kepkite nuo 25 iki 30 minučių arba iki švelniai auksinės spalvos aplink kraštus.

d) Atsargiai iškelkite foliją ir trapius pyragus iš keptuvės ant pjaustymo paviršiaus. Supjaustykite juosteles dantytu peiliu.

e) Perkelkite ant grotelių, kad visiškai atvėstų. Laikyti sandariai uždarytoje skardoje.

6. Mokos trapios tešlos sausainiai

Išeiga: 18 porcijų

Ingridientai

- 1 arbatinis šaukštelis Nescafe Classic tirpios kavos
- 1 arbatinis šaukštelis verdančio vandens
- 1 pakuotė (12 uncijų) Nestle Toll House pusiau saldaus šokolado kąsneliai; padalintas
- ¾ puodelio sviesto; suminkštėjo
- 1¼ puodelio išsijoto konditerinio cukraus
- 1 puodelis universalių miltų
- ⅓ arbatinio šaukštelio druskos

Kryptys

a) Įkaitinkite orkaitę iki 250 laipsnių. Puodelyje ištirpinkite Nescafe Classic tirpią kavą verdančiame vandenyje; atidėti. Ištirpinkite virš karšto (ne verdančio) vandens, 1 puodelį Nestle Toll House pusiau saldaus šokolado kąsnelių; maišykite iki vientisos masės.

b) Nuimkite nuo ugnies; atidėti. Dideliame dubenyje sumaišykite sviestą, konditerių cukrų ir kavą; plakite iki vientisos masės. Palaipsniui įmaišykite miltus ir druską.

c) Įmaišykite ištirpintus kąsnelius. Tešlą iškočiokite tarp dviejų vaškuoto popieriaus gabalėlių iki 3/16 colių storio.

Nuimkite viršutinį lapą; išpjaukite sausainius naudodami 2-½ colio sausainių formelę. Išimkite iš vaškuoto popieriaus ir padėkite ant neteptų sausainių lakštų. Kepkite 250 laipsnių temperatūroje 25 minutes. Visiškai atvėsinkite ant grotelių.

d) Ištirpinkite virš karšto (ne verdančio) vandens, likusius 1 puodelį Nestle Toll House pusiau saldaus šokolado kąsnelių; maišykite iki vientisos masės. Ant plokščios sausainio pusės užtepkite šiek tiek suapvalintą arbatinį šaukštelį ištirpinto šokolado; ant viršaus antruoju sausainiu. Pakartokite su likusiais sausainiais.

e) Atvėsinkite, kol sustings. Prieš patiekdami leiskite pastovėti kambario temperatūroje 15 minučių. Padaro apie 1-5 tuziną 2-½ colio sausainių.

7. Žemės riešutų trapios tešlos sausainiai

Išeiga: 30 porcijų

Ingridientai

- 250 mililitrų sviesto; Nesūdytas, suminkštintas
- 60 mililitrų kreminio žemės riešutų sviesto
- 1 didelio balto kiaušinio; Atskirtas
- 5 mililitrai vanilės ekstrakto
- 325 mililitrai universalių miltų
- 250 mililitrų senamadiškų valcuotų avižų
- 60 mililitrų kviečių gemalų
- 250 mililitrų sūdytų sausai skrudintų žemės riešutų; smulkiai supjaustyta
- 250 mililitrų šviesiai rudojo cukraus; tvirtai supakuotas

Kryptys

a) Dubenyje elektriniu plaktuvu suplakite sviestą, žemės riešutų sviestą, cukrų, tada įmuškite kiaušinio trynį ir vanilės ekstraktą.

b) Įpilkite miltų, avižų ir kviečių gemalų ir plakite mišinį iki vientisos masės. Tešlą tolygiai paskirstykite į sviestu išteptą želė suktinuką, 15-½ x 10-½ x 1 colio (40 x 27 x 2½ cm), išlygindami viršų, tešlą ištepkite lengvai paplaktu kiaušinio plakiniu, o po to tolygiai pabarstykite žemės riešutais. .

c) Kepkite mišinį iš anksto įkaitintos 300 F (150 C) orkaitės viduryje 25-30 minučių arba tol, kol viršus taps auksinės spalvos.

d) Perkelkite keptuvę ant grotelių, kad atvėstų. Kol mišinys dar KARŠTAS, supjaustykite nedideliais lygiais kvadratėliais ir leiskite sausainiams visiškai atvėsti keptuvėje.

8. Prieskoniai trapios tešlos sausainiai

Išeiga: 30 porcijų

Ingridientai

- 1 stiklinė suminkštinto margarino
- ⅔ puodelio išsijoto cukraus pudros
- ½ arbatinio šaukštelio Malto muskato riešuto
- ½ arbatinio šaukštelio malto cinamono
- ½ arbatinio šaukštelio malto imbiero
- 2 puodeliai universalių miltų

Kryptys

a) Grietinėlės sviestas; pamažu suberkite cukrų, plakdami vidutiniu elektriniu plakikliu iki šviesios ir purios masės. Suberkite prieskonius, gerai išplakite.

b) Įmaišykite miltus. Tešla bus kieta. Iš tešlos suformuokite 1 1 USD dydžio rutuliukus ir 2 colių atstumu vienas nuo kito padėkite ant lengvai riebalais išteptų sausainių lakštų. Miltais pabarstytu sausainių antspaudu arba šakute lengvai paspauskite sausainius, kad jie išsilygintų iki ¼ colio storio. Kepkite 325 laipsnių kampu 15–18 minučių arba kol iškeps. Leiskite atvėsti ant grotelių.

9. Pekano trapios tešlos sausainiai

Išeiga: 2 dešimtys

Ingridientai

- ¾ svarų sviesto
- 1 puodelis konditerinio cukraus
- 3 stiklinės Miltų, išsijotų
- ½ arbatinio šaukštelio druskos
- ½ arbatinio šaukštelio vanilės
- ¼ puodelio cukraus
- ¾ puodelio pekano riešutų, smulkiai pjaustytų

Kryptys

a) Sviestą ir konditerinį cukrų sutrinkite iki šviesios masės.

b) Miltus ir druską persijokite ir suberkite į grietinėlės masę. Įpilkite vanilės ir gerai išmaišykite. Pridėti pekano riešutų.

c) Surinkite tešlą į rutulį, suvyniokite į vaško popierių ir atvėsinkite, kol sutvirtės.

d) Atšaldytą tešlą iškočiokite iki ½ colio storio. Naudodami slapukų formelę išpjaukite sausainius. Viršus pabarstykite granuliuotu cukrumi. Iškirptus sausainius dėkite ant nepteptos sausainių skardos ir 45 minutes laikykite šaldytuve prieš kepdami.

e) Įkaitinkite orkaitę iki 325 F. Kepkite 20 minučių arba kol tik pradės šviesiai dažytis; sausainiai visai neturi ruduoti. Atvėsinkite ant stovo.

10. Oregono lazdyno riešutų trapios tešlos sausainiai

Išeiga: 36 slapukai

Ingridientai
- 1 puodelis skrudintų Oregono lazdyno riešutų
- ¾ puodelio sviesto; atšaldytas
- ¾ puodelio cukraus
- 1½ stiklinės nebalintų miltų

Kryptys

a) Pakepintus lazdyno riešutus sutrinkite virtuviniu kombainu iki stambios masės. Įpilkite sviesto ir cukraus ir gerai išmaišykite. Riešutus, sviestą ir cukrų sudėkite į maišytuvo dubenį ir suberkite miltus (½ puodelio vienu metu), iki galo išmaišydami kiekvieną priedą. Sumaišykite mišinį į rutulį.

b) Padarykite 1-½ colio rutuliukus ir padėkite ant nepridegančio sausainių lapo maždaug ½ colio atstumu vienas nuo kito.

c) Kepkite 350 laipsnių temperatūroje 10-12 minučių. Likusią tešlos dalį laikykite šaldytuve, kol bus paruošta kepti.

ŠOKOLADINIAI SAUSAINIAI

11. Konteinerių ir karamelinių sausainių

Padaro apie 2 dešimtis

Ingridientai

- 1 pakuotė šokoladinio pyrago mišinio (įprasto dydžio)
- 1/2 stiklinės sviesto, lydyto
- 2 dideli kiaušiniai, kambario temperatūros
- 1 puodelis sulaužytų miniatiūrinių klingerų, padalintas
- 1 puodelis pusiau saldaus šokolado drožlių
- 2 šaukštai sūdytos karamelės užpilo

Kryptys

a) Įkaitinkite orkaitę iki 350°. Sumaišykite pyrago mišinį lydytą sviestą ir kiaušinius; plakite, kol susimaišys. Įmaišykite 1/2 puodelio klingerus, šokolado drožles ir karamelės užpilą.

b) Ant riebalais išteptų kepimo skardų 2 colių atstumu nuleiskite suapvalintus valgomuosius šaukštus. Šiek tiek išlyginkite stiklinės dugnu; užspauskite likusius klingerus ant kiekvieno viršaus. Kepkite 8-10 minučių arba kol sustings.

c) Atvėsinkite keptuvėse 2 minutes. Iškelkite į groteles, kad visiškai atvėstų.

12. Kanapių sausainis

Padaro 12 porcijų

Ingridientai

- 1 pakuotė šokoladinio pyrago mišinio (įprasto dydžio)
- 2 dideli kiaušiniai, kambario temperatūros
- 1/2 stiklinės alyvuogių aliejaus
- 1 puodelis pusiau saldaus šokolado drožlių
- 1 puodelis kreminio žemės riešutų sviesto
- 1/2 stiklinės konditerinio cukraus

Kryptys

- Įkaitinkite orkaitę iki 350°.
- Dideliame dubenyje sumaišykite pyrago mišinį, kiaušinius ir aliejų, kol susimaišys. Įmaišykite šokolado drožles. Pusę tešlos suspauskite į 10 colių. ketaus ar kitos orkaitei atsparios keptuvės.
- Sumaišykite žemės riešutų sviestą ir konditerinį cukrų; paskirstykite ant tešlos keptuvėje.
- Likusią tešlą tarp pergamento lakštų suspauskite į 10 colių skersmenį. ratas; vietos perpildymas.
- Kepkite, kol centre įsmeigtas dantų krapštukas išeis su drėgnais trupiniais, 20-25 minutes.

13. Cake mix sausainiai

Padaro: 54 porcijos

Ingridientai

- 1 pakelis vokiško šokoladinio pyrago mišinio; įtrauktas pudingas
- 1 puodelis pusiau saldžių šokolado traškučių
- ½ puodelio valcuotų avižų
- ½ puodelio razinų
- ½ puodelio alyvuogių aliejaus
- 2 Kiaušiniai; šiek tiek sumuštas

Kryptys

a) Įkaitinkite orkaitę iki 350 laipsnių.

b) Dideliame dubenyje sumaišykite visus ingredientus; gerai išmaišyti. Tešlą suapvalintais arbatiniais šaukšteliais, dviejų colių atstumu vienas nuo kito, padėkite ant neteptų sausainių lakštų.

c) Kepkite 350 laipsnių temperatūroje 8-10 minučių arba kol sustings. Atvėsinti 1 minutę; išimti iš sausainių lakštų.

14. Devil Crunch Cookies

Gamina: 60 SAUSAINIŲ

Ingridientai

- 1 18,25 uncijos šokoladinio pyrago mišinys
- ½ puodelio alyvuogių aliejaus
- 2 kiaušiniai, šiek tiek paplakti
- ½ puodelio kapotų pekano riešutų
- 5 įprasti pieniško šokolado plytelės, padalintos į kvadratus
- ½ puodelio saldinto kokoso drožlių

Kryptys
a) Įkaitinkite orkaitę iki 350°F.
b) Dubenyje sumaišykite pyrago mišinį, aliejų ir kiaušinius ir iki galo išmaišykite. Švelniai įmaišykite pekano riešutus į tešlą.
c) Supilkite tešlą po šaukštus ant neteptų sausainių lakštų. Kepkite 10 minučių. Išimkite, kai sausainiai sustings, bet dar šiek tiek minkšti centre.
d) Ant kiekvieno sausainio uždėkite po vieną kvadratą pieniško šokolado. Kai jis ištirps, paskleiskite, kad sausainio viršus susidarytų šokolado danga.
e) Nedelsdami perkelkite sausainius ant grotelių ir leiskite jiems visiškai atvėsti.

15. Pekano sausainiai

Gamina: 24 SLAUKŠIAI

Ingridientai

- 1 puodelis sviestinio pekano pyrago mišinio
- 1 puodelis šokoladinio pyrago mišinio
- 2 kiaušiniai, šiek tiek paplakti
- ½ puodelio alyvuogių aliejaus
- 2 šaukštai vandens

Kryptys
a) Įkaitinkite orkaitę iki 350°F.
b) Sumaišykite ingredientus ir išmaišykite iki vientisos masės.
c) Dėkite po šaukštus ant neteptos sausainių skardos. Kepkite 15 minučių arba iki auksinės spalvos ir sustings.
d) Leiskite atvėsti ant sausainių skardos 5 minutes. Iškelkite ant grotelių, kad visiškai atvėstų.

16. Plaktos grietinėlės pyragaičiai

Gamina: 48 Slapukai

Ingridientai

- 1 18 uncijų dėžutės šokoladinio pyrago mišinys
- 1 valgomasis šaukštas kakavos miltelių
- 1 kiaušinis
- 1 puodelis pekano riešutų, susmulkintų
- $\frac{1}{4}$ puodelio cukraus
- 4 uncijos plakto užpilo

Kryptys
a) Įkaitinkite orkaitę iki 350°F.
b) Sumaišykite pyrago mišinį, kakavos miltelius ir kiaušinį ir gerai išmaišykite. Švelniai įmaišykite pekano riešutus į tešlą.
c) Pabarstykite rankas cukrumi, tada iš tešlos suformuokite mažus rutuliukus. Sausainių rutuliukus aptepkite cukrumi.
d) Padėkite ant sausainių lapo, palikdami 2 colius tarp sausainių.
e) Kepkite 12 minučių arba kol sustings. Išimkite iš orkaitės ir perkelkite ant grotelių, kad atvėstų. Viršų su plaktu užpilu.

17. Tortų mišinys sumuštinių sausainiai

Gaminiai: 10

Ingridientai

- 1 18,25 uncijos dėžutės šokoladinio pyrago mišinys
- 1 kiaušinis, kambario temperatūros
- ½ stiklinės sviesto
- 1 12 uncijų kubilo vanilinis glajus

Kryptys

a) Įkaitinkite orkaitę iki 350°F.
b) Uždenkite sausainių lakštą pergamentinio popieriaus sluoksniu. Atidėti.
c) Dideliame dubenyje sumaišykite pyrago mišinį, kiaušinį ir sviestą. Naudokite elektrinį maišytuvą, kad pagamintumėte lygią, vienodą tešlą.
d) Iš sausainių tešlos iškočiokite 1" rutuliukus ir dėkite ant sausainių skardos. Kiekvieną rutuliuką šaukštu paspauskite, kad išsilygintų. Kepkite 10 min.
e) Leiskite sausainiams visiškai atvėsti prieš uždėdami glaisto sluoksnį tarp dviejų sausainių.

18.   Granola ir šokoladiniai sausainiai

Gamina: 36 Slapukai

Ingridientai

- 1 18,25 uncijos šokoladinio pyrago mišinys
- ¾ puodelio sviesto, suminkštintas
- ½ puodelio supakuoto rudojo cukraus
- 2 kiaušiniai
- 1 puodelis granola
- 1 puodelis baltojo šokolado drožlių
- 1 puodelis džiovintų vyšnių

Kryptys

a) Įkaitinkite orkaitę iki 375 ° F.
b) Dideliame dubenyje sumaišykite pyrago mišinį, sviestą, rudąjį cukrų ir kiaušinius ir plakite, kol susidarys tešla.
c) Įmaišykite granolą ir baltojo šokolado drožles. Supilkite šaukštelius maždaug 2 colių atstumu vienas nuo kito ant neteptų sausainių lakštų.
d) Kepkite 10–12 minučių arba tol, kol sausainiai bus švelniai auksinės spalvos aplink kraštus.
e) Atvėsinkite ant sausainių lakštų 3 minutes, tada išimkite ant grotelių.

20. Vokiški slapukai

Padaro: 4 dešimčių sausainių

Ingridientai

- 1 18,25 uncijos dėžutė vokiško šokoladinio pyrago mišinys
- 1 puodelis pusiau saldaus šokolado drožlių
- 1 puodelis avižinių dribsnių
- ½ puodelio alyvuogių aliejaus
- 2 kiaušiniai, šiek tiek paplakti
- ½ puodelio razinų
- 1 arbatinis šaukštelis vanilės

Kryptys
a) Įkaitinkite orkaitę iki 350°F.
b) Sumaišykite visus ingredientus. Gerai išmaišykite naudodami elektrinį maišytuvą, nustatytą mažu greičiu. Jei susidaro miltų trupiniai, įpilkite šlakelį vandens.
c) Supilkite tešlą po šaukštus ant neteptos sausainių skardos.
d) Kepkite 10 minučių.
e) Prieš keldami sausainius nuo lakšto ir ant serviravimo indo, visiškai atvėsinkite.

21. Anisettės sausainiai

Porcijos: 36

Ingridientai:

- 1 puodelis cukraus
- 1 puodelis sviesto
- 3 stiklinės miltų
- ½ puodelio pieno
- 2 plakti kiaušiniai
- 1 valgomasis šaukštas kepimo miltelių
- 1 valgomasis šaukštas migdolų ekstrakto
- 2 arbatiniai šaukšteliai aniseto likerio
- 1 puodelis konditerinio cukraus

Kryptys:

a) Įkaitinkite orkaitę iki 375 laipsnių pagal Farenheitą.

b) Cukrų ir sviestą išplakti iki šviesios ir purios masės.

c) Palaipsniui įmaišykite miltus, pieną, kiaušinius, kepimo miltelius ir migdolų ekstraktą.

d) Minkykite tešlą, kol ji taps lipni.

e) Sukurkite mažus rutuliukus iš 1 colio ilgio tešlos gabalėlių.

f) Įkaitinkite orkaitę iki 350 ° F ir sutepkite kepimo skardą. Sudėkite rutuliukus ant kepimo skardos.

g) Įkaitinkite orkaitę iki 350 ° F ir kepkite sausainius 8 minutes.

h) Dubenyje sumaišykite aniseto likerį, konditerinį cukrų ir 2 šaukštus karšto vandens.

i) Galiausiai dar šiltus sausainius panardinkite į glajų.

22. Saldūs žali sausainiai

Ingridientai:

- 165 g žaliųjų žirnelių.
- 80 g kapotų medjool datulių.
- 60 g šilkinio tofu, sutrinto.
- 100 g migdolų miltų.
- 1 arbatinis šaukštelis kepimo miltelių.
- 12 migdolų.

Nurodymai:

a) Įkaitinkite orkaitę iki 180°C/350°F.

b) Žirnius ir datules sumaišykite virtuviniu kombainu.

c) Apdorokite, kol susidarys tiršta pasta.

d) Perkelkite žirnių mišinį į dubenį. Įmaišykite tofu, migdolų miltus ir kepimo miltelius. Iš mišinio suformuokite 12 rutuliukų.

e) Išdėliokite rutuliukus ant kepimo skardos, išklotos pergamentiniu popieriumi. Kiekvieną rutulį išlyginkite aliejumi pateptu delnu.

f) Į kiekvieną sausainį įdėkite po migdolą. Kepkite sausainius 25-30 minučių arba iki švelniai auksinės spalvos.

g) Prieš patiekdami atvėsinkite ant grotelių.

23. Šokoladiniai sausainiai

Ingridientai:

- 2 puodeliai universalių miltų be glitimo.
- 1 arbatinis šaukštelis soda.
- 1 arbatinis šaukštelis jūros druskos.
- 1/4 puodelio veganiško jogurto.
- 7 šaukštai veganiško sviesto.
- 3 šaukštai anakardžių sviesto
- 1 1/4 puodelio kokoso cukraus.
- 2 chia kiaušiniai.
- Tamsaus šokolado plytelė, įsilaužimo porcijos.

Nurodymai:

a) Įkaitinkite orkaitę iki 375 ° F

b) Vidutinio dydžio maišymo dubenyje sumaišykite miltus be glitimo, druską ir kepimo soda. Atidėkite į šalį, kol ištirpsite sviestą.

c) Į dubenį sudėkite sviestą, jogurtą, anakardžių sviestą, kokosų cukrų ir maišytuvu arba rankiniu maišytuvu plakite kelias minutes, kol susimaišys.

d) Įdėkite chia kiaušinius ir gerai išmaišykite.

e) Įmaišykite miltus į chia kiaušinių mišinį ir plakite ant silpnos ugnies, kol susimaišys.

f) Supilkite šokolado gabalėlius.

g) Tešlą dėkite į šaldytuvą, kad sustingtų 30 minučių.

h) Išimkite tešlą iš šaldytuvo ir leiskite sustingti iki kambario temperatūros, maždaug 10 minučių, o sausainių skardą išklokite pergamentiniu popieriumi.

i) Rankomis ant pergamentinio popieriaus užmaukite 1 1/2 šaukšto dydžio sausainių tešlos. Tarp kiekvieno sausainio palikite šiek tiek vietos.

j) Kepkite sausainius 9-11 minučių. Džiaukis!

BISCOTTI

24. Brownie Biscotti

Ingridientai

- 1/3 puodelio sviesto, suminkštinto
- 2/3 stiklinės baltojo cukraus
- 2 kiaušiniai
- 1 arbatinis šaukštelis vanilės ekstrakto
- 13/4 puodelių universalių miltų
- 1/3 puodelio nesaldintos kakavos miltelių
- 2 arbatinius šaukštelius kepimo miltelių
- 1/2 puodelio miniatiūrinių pusiau saldžių šokolado drožlių
- 1/4 puodelio kapotų graikinių riešutų
- 1 kiaušinio trynys, išplaktas
- 1 valgomasis šaukštas vandens

Kryptys

a) Įkaitinkite orkaitę iki 375 ° F (190 ° C). Kepimo skardas ištepkite riebalais arba išklokite kepimo popieriumi.

b) Dideliame dubenyje sutrinkite sviestą ir cukrų iki vientisos masės. Po vieną įmuškite kiaušinius, tada įmaišykite vanilę. Sumaišykite miltus, kakavą ir kepimo miltelius; įmaišykite į grietinėlės mišinį, kol gerai susimaišys. Tešla bus standi, todėl paskutinę dalį įmaišykite rankomis. Sumaišykite šokolado drožles ir graikinius riešutus.

c) Padalinkite tešlą į dvi lygias dalis. Suformuokite 9x2x1 colio kepalus. Padėkite ant kepimo skardos 4 colių atstumu vienas nuo kito. Aptepkite vandens ir trynio mišiniu.

d) Kepkite 20–25 minutes įkaitintoje orkaitėje arba kol sutvirtės. Atvėsinkite ant kepimo skardos 30 minučių.

e) Naudodami dantytą peilį, supjaustykite kepalus įstrižai 1 colio griežinėliais. Grąžinkite riekeles ant kepimo skardos, padėkite jas ant šonų. Kepkite 10–15 minučių iš kiekvienos pusės arba kol išdžius. Visiškai atvėsinkite ir laikykite sandariame inde.

25.   Migdolų biscotti

Išeiga: 42 porcijos

Ingridientai

- ½ puodelio sviesto arba margarino, suminkštintas
- 1¼ puodelio cukraus
- 3 Kiaušiniai
- 1 arbatinis šaukštelis vanilės ekstrakto arba anyžių kvapiosios medžiagos
- 2 puodeliai universalių miltų
- 2 arbatiniai šaukšteliai Kepimo milteliai
- 1 brūkšnis druskos
- ½ stiklinės migdolų, susmulkintų
- 2 arbatiniai šaukšteliai Pieno

Kryptys

a) Maišymo dubenyje supilkite grietinėlės sviestą ir 1 puodelį cukraus. Įmuškite kiaušinius po vieną, po kiekvieno įdėjimo gerai išplakdami. Įmaišykite anyžius arba vanilę.

b) Sumaišykite sausus ingredientus; pridėti prie grietinėlės mišinio. Įmaišykite migdolus.

c) Kepimo skardą išklokite folija ir sutepkite folija. Padalinkite tešlą per pusę; paskirstykite į dvi 12x3 stačiakampius ant folijos. Aptepkite pienu ir pabarstykite likusį cukrų. Kepkite 375 laipsnių temperatūroje. 15-20 min. arba iki auksinės rudos spalvos ir tvirto liesti. Išimkite iš orkaitės ir sumažinkite šilumą iki 300 laipsnių. Pakelkite stačiakampius su folija ant grotelių; atvėsinti 15 min. Padėkite ant pjaustymo lentos; supjaustykite įstrižai $\frac{1}{2}$ colio storio. Padėkite griežinėlį nupjauta puse žemyn arba neteptas kepimo skardas. Kepkite 10 minučių.

d) Apverskite sausainius; kepti 10 min. daugiau. Išjunkite orkaitę, palikdami sausainius orkaitėje; pravertomis durelėmis, kad atvėstų. Laikyti hermetiškame inde.

26. Anyžių biscotti

Išeiga: 1 porcija

Ingridientai

- 2 puodeliai + 2 šaukštai miltų
- ¾ puodelio cukraus
- 1 valgomasis šaukštas anyžių sėklų, susmulkintų
- 1 arbatinis šaukštelis Kepimo milteliai
- ½ arbatinio šaukštelio kepimo soda
- ¼ arbatinio šaukštelio druskos
- 3 kiaušinių ekvivalentai
- 2 šaukštai tarkuotos šviežios citrinos žievelės (arba
- 1 valgomasis šaukštas sauso)
- 1 valgomasis šaukštas šviežių citrinų sulčių

Kryptys

a) Įkaitinkite orkaitę iki 325 laipsnių F. Kepimo skardą padenkite nepridegančiu purškalu arba pergamentu. Vidutiniame dubenyje sumaišykite miltus, cukrų, anyžių sėklas, kepimo miltelius, soda ir druską. Suplakite kiaušinių ekvivalentus, citrinos žievelę ir citrinos sultis ir supilkite į sausus ingredientus. Gerai ismaisyti.

b) Dirbdami ant miltais pabarstyto paviršiaus, iš tešlos suformuokite du maždaug 14 colių ilgio ir 1-½ colio storio rąstus. Padėkite rąstus ant paruoštos kepimo skardos, bent

4 colių atstumu (kepant tešla pasiskirstys). Kepkite 20-25 minutes, kol sutvirtės.

c) Perkelkite rąstus į lentyną, kad atvėstų. Sumažinkite orkaitės temperatūrą iki 300 laipsnių F. Supjaustykite rąstus įstrižai ½ colio storio griežinėliais, naudodami dantytą peilį ir švelniais pjovimo judesiais. Padėkite riekeles ant šonų ant kepimo skardos ir grąžinkite į orkaitę.

d) Kepkite 40 minučių. Išimkite iš orkaitės ir visiškai atvėsinkite prieš padėdami. Atvėsę biscotti taps traškūs. Laikyti sandariai uždarytoje talpykloje iki vieno mėnesio.

e) Padaro apie 4 dešimtis biscotti.

27. Anyžių citrinų biscotti

Išeiga: 1 porcija

Ingridientai

- 2 stiklinės nebalintų baltų miltų
- 1 arbatinis šaukštelis Kepimo milteliai
- ¼ arbatinio šaukštelio druskos
- 1 puodelis Cukraus
- 2 sveiki kiaušiniai
- 1 Kiaušinio baltymas
- 2 šaukštai Šviežiai nutarkuotos citrinos žievelės
- 1 valgomasis šaukštas Maltų anyžių sėklų

Kryptys

a) Įkaitinkite orkaitę iki 350 laipsnių. Paruoškite kepimo skardą su kepimo purškalu arba labai lengva aliejumi. Dideliame dubenyje išsijokite miltus, kukurūzų miltus, kepimo miltelius ir druską. Kiaušinius lengvai išplakite ir įmaišykite į miltų mišinį.

b) Įmaišykite klevų sirupą, vanilę ir graikinius riešutus, maišykite, kol tešla taps vientisa. Gumine mentele ir miltais pabarstytomis rankomis pusę tešlos išgriebkite iš dubens ir ant vienos kepimo skardos pusės. Iš tešlos suformuokite 15 colių ilgio rąstą.

c) Kitoje kepimo skardos pusėje su likusia tešla padarykite antrą rąstą. Išskirkite rąstus bent 6 colių atstumu. Kepkite 25–30 minučių, kol kiekvieno biscotti rąsto viršus sutvirtės.

d) Nuimkite juos ilga mentele ant grotelių ir atvėsinkite 10-15 minučių. Kiekvieną rąstą įstrižai supjaustykite maždaug $20\frac{1}{2}$ colio storio griežinėliais ir dėkite juos nupjauta puse žemyn ant kepimo skardos. Sumažinkite orkaitės temperatūrą iki 350 laipsnių ir kepkite 15 minučių.

e) Karšti iš orkaitės biscotti gali būti šiek tiek minkšti centre, tačiau vėsdami jie sukietės.

f) Leiskite jiems visiškai atvėsti. Laikomi skardoje ar kitame sandariai uždarytame inde, jie išsilaikys bent porą savaičių.

28. Vyšnių biscotti

Išeiga: 24 biscotti

Ingridientai

- 2 puodeliai universalių miltų
- 1 puodelis Cukraus
- ½ arbatinio šaukštelio Kepimo miltelių
- ½ arbatinio šaukštelio druskos
- ¼ puodelio sviesto; supjaustyti mažais gabalėliais
- 1 stiklinės sveikų migdolų; rupus karbonadas
- 1 puodelis Visos cukruotos vyšnios
- 2 didelių kiaušinių; šiek tiek sumuštas
- ½ arbatinio šaukštelio vanilės
- 1 valgomasis šaukštas pieno (nebūtina)

Kryptys

a) Įkaitinkite orkaitę iki 350 laipsnių. Didelę kepimo skardą ištepkite riebalais.

b) Dubenyje sumaišykite miltus, cukrų, kepimo miltelius ir druską. Supjaustykite sviestą konditeriniu trintuvu, kol susidarys stambūs trupiniai. Įmaišykite migdolus ir vyšnias. Įmaišykite kiaušinius ir vanilę, kol gerai susimaišys. Jei mišinys trapus sausas, įpilkite pieno.

c) Padalinkite mišinį per pusę.

d) Ant lengvai miltais pabarstyto paviršiaus miltuotomis rankomis suspauskite tešlą ir suformuokite du 10 colių rąstus. Išlyginkite iki 2-$\frac{1}{2}$ colio pločio. Įdėkite rąstus ant paruoštos kepimo skardos.

e) Kepkite 350 laipsnių orkaitėje 30-35 minutes. Dviem mentelėmis perkelkite rąstus į lentyną, kad atvėstų 20 minučių.

f) Dantytu peiliu kiekvieną rąstą supjaustykite įstrižai $\frac{3}{4}$ colio storio griežinėliais.

g) Grįžkite į kepimo skardą. Kepkite 15 minučių arba tol, kol sausainiai taps traškūs ir tvirti liesdami. Perkelkite ant grotelių, kad atvėstų. Laikyti sandariame inde iki 2 savaičių.

29. Lazdyno riešutų ir abrikosų biscotti

Išeiga: 1 porcija

Ingridientai

- 4 puodeliai Miltų
- 2½ stiklinės cukraus
- 1 arbatinis šaukštelis Kepimo milteliai
- ½ arbatinio šaukštelio druskos
- 6 Kiaušiniai
- 2 kiaušinių tryniai
- 1 valgomasis šaukštas vanilės ekstrakto
- 1 puodelis lazdyno riešutų, skrudintų, nuluptų,
- Sukapoti
- 1½ puodelio smulkiai pjaustytų džiovintų abrikosų
- 2 šaukštai Vanduo

Kryptys

a) Įkaitinkite orkaitę iki 350 F.

b) Tuo tarpu į didelį dubenį išsijokite miltus, cukrų, kepimo miltelius ir druską. Kitame dubenyje suplakite 5 kiaušinius, 2 kiaušinių trynius ir vanilę. Išplaktus kiaušinius sumaišykite su miltų mišiniu ir suberkite lazdyno riešutus bei abrikosus.

c) Ant lengvai miltais pabarstytos lentos minkykite tešlą 5-7 minutes arba tol, kol tolygiai susimaišys. Jei tešla per daug trapi, kad nesusilaikytų, įpilkite šiek tiek vandens.

Padalinkite tešlą į 4 dalis ir kiekvieną iš jų iškočiokite į 2 colių skersmens cilindrą.

d) Įdėkite 2 cilindrus 3 colių atstumu vienas nuo kito ant 2 gerai riebalais išteptų kepimo skardų ir šiek tiek išlyginkite. Likusį kiaušinį išplakite su vandeniu ir kiekvieną cilindrą aptepkite mišiniu. Kepkite įkaitintoje orkaitėje 35 minutes arba kol sustings.

e) Išimkite iš orkaitės ir sumažinkite šilumą iki 325 F. Biscotti supjaustykite įstrižai $\frac{3}{4}$ colio storio. Supjaustytus gabalėlius paskleiskite ant kepimo skardų ir grąžinkite į orkaitę 10 minučių arba tol, kol pradės spalvą. Leiskite atvėsti ir laikykite sandariame inde.

30. Biscotti su citrininiu rozmarinu

Išeiga: 30 porcijų

Ingridientai

- ½ puodelio migdolų; visa skrudinta
- ⅓ puodelio sviesto; saldus
- ¾ puodelio cukraus; granuliuotas
- 2 Kiaušiniai; didelis
- 1 arbatinis šaukštelis vanilės ekstrakto
- 3 arbatiniai šaukšteliai citrinos žievelės
- 2¼ puodelio universalių miltų
- 1½ arbatinio šaukštelio šviežio rozmarino; smulkiai supjaustyta
- ¼ arbatinio šaukštelio druskos

Kryptys

a) Kartu sutrinkite sviestą ir cukrų. Įmuškite kiaušinius, vanilę, citrinos žievelę, rozmariną, druską ir kepimo miltelius. Įpilkite miltų po vieną stiklinę.

b) Susmulkinkite į 2 kepalus, maždaug 1 colio aukščio ir 2 colių pločio. Kepkite 325'F temperatūroje 25 minutes arba iki auksinės rudos spalvos.

c) Išimkite iš orkaitės ir nuimkite kepimo skardą ant pjaustymo lentos. Supjaustykite kepalus ½ colio storio griežinėliais ir padėkite juos atgal ant kepimo skardos, gulinčios ant šono.

d) Grąžinkite kepimo skardą į orkaitę ir kepkite dar 10 minučių arba kol apskrus.

CUKRINIAI SAUSAINIAI

31. Migdolų cukraus sausainiai

Išeiga: 32 sausainiai

Ingridientai

- 5 šaukštai margarino (75 g)
- 1½ šaukšto fruktozės
- 1 valgomasis šaukštas Kiaušinio baltymas
- ¼ arbatinio šaukštelio migdolų, vanilės arba citrinų ekstrakto
- 1 stiklinė nebalintų miltų
- ⅛ arbatinio šaukštelio kepimo sodos
- 1 žiupsnelis dantų akmenų kremas
- 32 migdolų griežinėliai

Kryptys

a) Įkaitinkite orkaitę iki 350F (180C). Vidutinio dydžio dubenyje sumaišykite margariną ir fruktozę, plakite iki šviesios ir purios masės. Įmaišykite kiaušinio baltymą ir migdolų ekstraktą. Palaipsniui įmaišykite miltus, sodą ir grietinėlę tartų; gerai ismaisyti. Suformuokite ½ colio (1½ cm) rutuliukus. Padėkite ant nepridegančio sausainių lapo.

b) Plokščiadugnę stiklinę supilkite į miltus ir kiekvieną rutuliuką paspauskite žemyn, kad sausainis išsilygintų. Kiekvieną sausainį apibarstykite migdolų griežinėliu. Kepkite 8-10 minučių, kol švelniai apskrus. Perkelkite ant pergamento arba vaško popieriaus, kad atvėstų.

32. Cukriniai sausainiai

Gamina: 48 Slapukai

Ingridientai

- 1 18,25 uncijos baltojo šokolado pyrago mišinys
- ¾ puodelio sviesto
- 2 kiaušinių baltymai
- 2 šaukštai šviesios grietinėlės

Kryptys

a) Sudėkite pyrago mišinį į didelį dubenį. Naudodami konditerijos trintuvą arba dvi šakutes, supjaustykite sviestu, kol dalelės bus smulkios.
b) Įmaišykite kiaušinių baltymus ir grietinėlę iki vientisos masės. Iš tešlos suformuokite rutulį ir uždenkite.
c) Atšaldykite mažiausiai dvi valandas ir net 8 valandas šaldytuve.
d) Įkaitinkite orkaitę iki 375 ° F.
e) Iš tešlos iškočiokite 1" rutuliukus ir dėkite ant neteptų sausainių lakštų. Išlyginkite iki ¼" storio stiklinės dugnu.
f) Kepkite 7-10 minučių arba kol sausainių kraštai taps šviesiai rudi.
g) Atvėsinkite ant sausainių lakštų 2 minutes, tada iškelkite į groteles, kad visiškai atvėstų.

33. Cukriniai sausainiai su sviestiniu kremu

IŠELIS: 5 TUZINĖS

Ingridientai

Slapukas:

- 1 puodelis sviesto
- 1 stiklinė baltojo cukraus
- 2 kiaušiniai
- 1/2 arbatinio šaukštelio vanilės ekstrakto
- 31/4 stiklinės universalių miltų
- 1/2 arbatinio šaukštelio kepimo miltelių
- 1/2 arbatinio šaukštelio kepimo sodos
- 1/2 arbatinio šaukštelio druskos

Sviestinio kremo glaistymas:

- 1/2 puodelio patrumpinimo
- 1 svaras konditerių cukraus
- 5 šaukštai vandens
- 1/4 arbatinio šaukštelio druskos
- 1/2 arbatinio šaukštelio vanilės ekstrakto
- 1/4 arbatinio šaukštelio sviesto skonio ekstrakto

Kryptys

a) Dideliame dubenyje elektriniu plaktuvu sumaišykite sviestą, cukrų, kiaušinius ir vanilę iki šviesios ir purios masės. Sumaišykite miltus, kepimo miltelius, soda ir druską;

palaipsniui įmaišykite miltų mišinį į sviesto mišinį, kol gerai susimaišys, naudodami tvirtą šaukštą. Atšaldykite tešlą 2 valandas.

b) Įkaitinkite orkaitę iki 400°F (200°C). Ant lengvai miltais pabarstyto paviršiaus iškočiokite tešlą iki 1/4 colio storio. Supjaustykite norimomis formomis, naudodami sausainių formeles. Sudėkite sausainius 2 colių atstumu vienas nuo kito ant neteptų sausainių lakštų.

c) Kepkite 4-6 minutes įkaitintoje orkaitėje. Išimkite sausainius iš keptuvės ir atvėsinkite ant grotelių.

d) Elektriniu plaktuvu iki purumo išplakite konditerinį cukrų, vandenį, druską, vanilės ekstraktą ir sviesto skonį. Visiškai atvėsusį sausainius užšaldykite.

34. Migdolų plytų cukraus sausainiai

Išeiga: 1 porcija

Ingridientai

- 2¼ puodelio universalių miltų
- 1 puodelis Cukraus
- 1 puodelis Sviesto
- 1 Kiaušinis
- 1 arbatinis šaukštelis Kepimo soda
- 1 arbatinis šaukštelis vanilės
- 6 uncijos migdolų plytelės

Kryptys

a) Įkaitinkite orkaitę iki 350 F. Sutepkite sausainių lakštus. Dideliame maišytuvo dubenyje sumaišykite miltus, cukrų, sviestą, kiaušinį, kepimo soda ir vanilę. Plakite vidutiniu greičiu, dažnai braukdami dubenį, kol gerai susimaišys, 2-3 minutes. Įmaišykite migdolų plytų gabalėlius.

b) Suapvalintą arbatinį šaukštelį tešlos suformuokite į 1 colio rutuliukus. Padėkite 2 colių atstumu vienas nuo kito ant paruoštų sausainių lakštų. Išlyginkite sausainius iki ¼ colio storio su sviestu patepto stiklo dugnu, pamirkytu cukruje.

c) Kepkite nuo 8 iki 11 minučių arba tol, kol kraštai labai švelniai paruduos. Nedelsdami pašalinkite.

35. Cukriniai amišų sausainiai

Išeiga: 24 porcijos

Ingridientai

- ½ stiklinės cukraus;
- ⅓ puodelio cukraus pudros;
- ¼ puodelio margarino; (1/2 lazdelės)
- ⅓ puodelio augalinio aliejaus
- 1 Kiaušinio; (didelis)
- 1 arbatinis šaukštelis vanilės
- 1 arbatinis šaukštelis citrinos arba migdolų skonio
- 2 šaukštai Vanduo
- 2¼ puodelio universalių miltų
- ½ arbatinio šaukštelio kepimo soda
- ½ arbatinio šaukštelio dantų akmenų kremas;
- ½ arbatinio šaukštelio druskos

Kryptys

a) Sudėkite cukrų, margariną ir aliejų į maišytuvo dubenį ir maišykite vidutiniu greičiu iki kreminės masės. Įpilkite kiaušinį, vanilę, kvapiąsias medžiagas ir vandenį ir maišykite vidutiniu greičiu 30 sekundžių, nugramdydami dubenį prieš ir po šių ingredientų pridėjimo.

b) Sumaišykite likusius ingredientus, kad jie gerai susimaišytų; įpilkite į kreminį mišinį ir maišykite vidutiniu greičiu, kad susimaišytų. Iš tešlos suformuokite 24 rutuliukus, kiekvienam rutuliui po 1 šaukštą tešlos.

c) Sudėkite rutuliukus ant sausainių lakštų, kurie buvo apipurkšti keptuvės purškalu arba iškloti aliuminio folija. Suspauskite rutuliukus tolygiai iki ½ colio, o šaukšto nugarą panardinkite į vandenį.

d) Kepkite 375 laipsnių kampu 12–14 minučių arba tol, kol sausainiai paruduos apačioje ir švelniai paruduos aplink kraštus. Išimkite sausainius ant grotelių ir atvėsinkite iki kambario temperatūros.

36. Pagrindiniai taukų cukraus sausainiai

Išeiga: 1 porcija

Ingridientai

- ¾ puodelio taukų
- ¾ puodelio supakuoto rudojo cukraus
- 1 kiaušinis
- 1 arbatinis šaukštelis vanilės
- 1 arbatinis šaukštelis Kepimo milteliai

2 puodeliai Miltų

Kryptys

a) Taukus, cukrų ir kiaušinį išplakite iki kreminės masės ir gerai išplakite.

b) Įmaišykite vanilę, suberkite kepimo miltelius ir miltus, kol susidarys tešla.

c) Iš tešlos suformuokite maždaug 1 colio skersmens rutuliukus ir padėkite ant sausainių skardos.

d) Pirštais šiek tiek suplokite rutuliukus, kad susidarytų apvalus sausainis. (Cukriniams sausainiams viršų pabarstykite šiek tiek cukraus.) Kepkite iki 350 laipsnių įkaitintoje orkaitėje, kol kraštai gražiai paruduos.

e) Išimkite ir palikite atvėsti.

37. Cinamoniniai cukraus sausainiai

Išeiga: 48 porcijos

Ingridientai
- 2½ stiklinės miltų
- ½ stiklinės sviesto
- 2½ arbatinio šaukštelio Kepimo miltelių
- ¾ puodelio cukraus
- ¼ arbatinio šaukštelio druskos
- 1 Kiaušinio; sumuštas
- ⅛ arbatinio šaukštelio cinamono
- ½ puodelio pasukų
- Cukraus Mišinys
- ½ stiklinės cukraus
- 1 arbatinis šaukštelis cinamono

Kryptys

a) Miltus sumaišykite su kepimo milteliais, druska ir ⅛ arbatiniu šaukšteliu cinamono. Kitame dubenyje sutrinkite grietinėlę ir cukrų iki šviesios ir purios masės. Įmušame kiaušinį ir gerai išplakame.

b) Įmaišykite ⅓miltų, tada supilkite pieną ir likusius miltus, maišydami kiekvieną kartą. Nedėkite daugiau miltų, gausis minkšta tešla, kuri atvėsus nebus lipni.

c) Atšaldykite tešlą šaldytuve porai valandų, kol ji visiškai atvės. Paimkite šaukštus tešlos ir švelniai suformuokite rutuliukus.

d) Tešlos rutuliukus apvoliokite cinamono/cukraus mišinyje, tada išlyginkite ir dėkite ant riebalais išteptos sausainių skardos ir kepkite 375 laipsnių temperatūroje apie 12 minučių.

38. Susmulkinti cukraus sausainiai

Išeiga: 48 porcijos

Ingridientai
- 1¼ puodelio cukraus
- 1 puodelis sviesto, suminkštintas
- 3 dideli kiaušinių tryniai, išplakti
- 1 arbatinis šaukštelis vanilės ekstrakto
- 2½ puodelio išsijotų universalių miltų
- 1 arbatinis šaukštelis Kepimo soda
- ½ arbatinio šaukštelio dantų akmenų kremas

Kryptys

a) Įkaitinkite orkaitę iki 350 laipsnių. Lengvai sutepkite du sausainių lakštus. Sumaišykite cukrų ir sviestą iki šviesios masės. Įmuškite trynius ir vanilę.
b) Išsijokite išmatuotus išsijotus miltus, sodą ir grietinėlę, tada įmaišykite į sviestinio cukraus mišinį.
c) Iš tešlos suformuokite graikinio riešuto dydžio rutuliukus. Ant sausainių lakštų padėkite 2 colių atstumu. Neišlyginkite.
d) Kepkite apie 11 minučių, kol viršus suskils ir tik taps spalvos. Atvėsinkite ant grotelių. Padaro 4 tuzinus.

39. Pekano cukraus sausainiai

Išeiga: 1 porcija

Ingridientai
- 1¼ puodelio cukraus, šviesiai rudo vandens
- 3 šaukštai medaus
- 1 Kiaušinis
- 2⅓ puodelio miltų
- 1 puodelis pekano riešutų, stambiai sumaltų
- 2½ šaukšto cinamono
- 1 valgomasis šaukštas kepimo soda
- 1 valgomasis šaukštas kvapiųjų pipirų

Kryptys

a) Dubenyje sumaišykite rudąjį cukrų, vandenį, medų ir kiaušinį. Plakite mikseriu apie 10 sekundžių.
b) Atskirame dubenyje sumaišykite miltus, pekano riešutus, cinamoną, kvapiuosius pipirus ir soda, kepimo miltelius, gerai išmaišykite.
c) Sudėkite į šlapius ingredientus ir išmaišykite. Supilkite tešlą po šaukštelius ant riebalais išteptos sausainių skardos. Kepkite 375 laipsnių temperatūroje 12 minučių.
d) Padaro apie 3 dešimtis sausainių. Prieš laikydami leiskite gerai atvėsti.

40. Prieskonių cukraus sausainiai

Išeiga: 40 slapukų

Ingridientai
- ¾ puodelio Daržovių patrumpinimas kambario temperatūroje
- 1 puodelis Tvirtai supakuoto šviesiai rudojo cukraus
- 1 didelis kiaušinis, lengvai paplaktas
- ¼ puodelio nesieruotos melasos
- 2 puodeliai universalių miltų
- 2 arbatiniai šaukšteliai kepimo soda
- 1 arbatinis šaukštelis cinamono
- 1 arbatinis šaukštelis Malto imbiero
- ½ arbatinio šaukštelio Maltų gvazdikėlių
- ¼ arbatinio šaukštelio druskos
- Granuliuotas cukrus tešlos rutuliukams panardinti.

Kryptys

a) Dubenyje sutrinkite sutirštėjimą su ruduoju cukrumi iki šviesios ir purios masės ir įmaišykite kiaušinį bei melasą. Į kitą dubenį persijokite miltus, kepimo soda, cinamoną, imbierą, gvazdikėlius ir druską, dalimis suberkite miltų mišinį į trintuvą ir gerai išmaišykite tešlą. Atvėsinkite tešlą, uždengtą dangčiu, 1 valandą.

b) Supilkite lygius šaukštus tešlos į rutuliukus, vieną kiekvieno rutuliuko pusę pamerkite į granuliuotą cukrų ir išdėliokite rutuliukus cukruotomis pusėmis į viršų maždaug 3 colių atstumu vienas nuo kito ant riebalais išteptų kepimo skardų. Kepkite sausainius dalimis įkaitintos 375 laipsnių F orkaitės viduryje 10–12 minučių arba tol, kol jie išsipūs ir įtrūks. metaline mentele perkelkite sausainius ant grotelių ir atvėsinkite. Padaro apie 40 sausainių.

41. Pistacijų cukraus sausainiai

Išeiga: 1 porcija

Ingridientai
- $\frac{1}{2}$ stiklinės sviesto
- 1 puodelis Cukraus
- 1 didelis kiaušinis
- 1 arbatinis šaukštelis vanilės
- $1\frac{1}{4}$ puodelio išsijotų miltų
- 1 arbatinis šaukštelis Kepimo milteliai
- $\frac{1}{4}$ arbatinio šaukštelio druskos
- ⅓puodelio smulkiai pjaustytų pistacijų

Kryptys

a) Dideliame dubenyje sutrinkite sviestą ir cukrų iki minkštos ir purios masės; įmuškite kiaušinį ir vanilę. Sumaišykite miltus, kepimo miltelius ir druską; supilkite į grietinėlės mišinį ir gerai išmaišykite. Kruopščiai atvėsinkite tešlą.
b) Įkaitinkite orkaitę iki 375°. Ant lengvai miltais pabarstytos lentos iškočiokite tešlą iki $\frac{1}{4}$ colio storio. Supjaustykite sausainių formelėmis ir išdėliokite ant neteptų sausainių lakštų. Ant viršaus pabarstykite pjaustytų pistacijų; lengvai paspauskite.
c) Kepkite 375° apie 5 minutes arba kol kraštai pradės ruduoti.
d) Iškelkite į groteles, kad atvėstų.

SŪRINIAI SAUSAUTINIAI

42. Sūrio užkandžių sausainiai

Išeiga: 1 porcija

Ingridientai

- 4 uncijos (1 puodelis) susmulkinto aštraus čederio sūrio.
- ½ puodelio majonezo arba suminkštinto sviesto
- 1 puodelis universalių miltų
- ½ arbatinio šaukštelio druskos
- 1 brūkšnis maltų raudonųjų pipirų

Kryptys

a) Lengvai supilkite miltus į matavimo puodelį; išsilyginti.

b) Vidutiniame inde sumaišykite sūrį, margariną, miltus, druską ir raudonuosius pipirus. Kruopščiai sumaišykite ir uždenkite ir atvėsinkite 1 valandą.

c) Iš tešlos suformuokite 1 colio rutuliukus.

d) Padėkite 2 colių atstumu vienas nuo kito ant neteptos keptuvės. Išlyginkite šakute arba naudokite miltuose pamirkytą mėsos minkštiklio paviršių.

e) Jei norite, lengvai apibarstykite paprika.

f) Kepkite ant grotelių 10-12 minučių

43. Sausainiai su šokolado gabaliukais

Porcijos: 12 sausainių

Ingridientai:

- ½ puodelio sviesto
- ⅓ puodelio grietinėlės sūrio
- 1 plaktas kiaušinis
- 1 arbatinis šaukštelis vanilės ekstrakto
- ⅓ puodelio eritritolio
- ½ puodelio kokoso miltų
- ⅓ puodelio šokolado be cukraus

Nurodymai:

a) Įkaitinkite oro gruzdintuvą iki 350 ° F. Keptuvės krepšelį išklokite kepimo popieriumi ir įdėkite sausainius

b) Dubenyje sumaišykite sviestą ir kreminį sūrį. Įpilkite eritritolio ir vanilės ekstrakto ir plakite iki purumo. Įmuškite kiaušinį ir plakite, kol susimaišys. Sumaišykite kokoso miltus ir šokolado drožles. Leiskite tešlai pailsėti 10 minučių.

c) Išgriebkite maždaug 1 šaukštą tešlos ir suformuokite sausainius.

d) Sudėkite sausainius į oro gruzdintuvės krepšelį ir kepkite 6 minutes.

44. Abrikosų kreminio sūrio sausainiai

Išeiga: 4 porcijos

Ingridientai
- 1½ stiklinės margarino
- 1½ stiklinės cukraus
- 8 uncijos Philadelphia kreminio sūrio
- 2 Kiaušinis
- 2 šaukštai citrinos sulčių
- 1½ arbatinio šaukštelio citrinos žievelės
- 4½ stiklinės miltų
- 1½ arbatinio šaukštelio Kepimo miltelių
- Abrikosų įdaras
- Cukrus, konditeriai
- 11 uncijų abrikosai, džiovinti
- ½ stiklinės cukraus

Kryptys

a) Margariną, cukrų ir minkštą kreminį sūrį sumaišykite iki vientisos masės
b) sumaišytas. Įmaišykite kiaušinius, citrinos sultis ir žievelę. Sudėkite sujungtus sausus ingredientus į kreminio sūrio mišinį ir gerai išmaišykite ir atvėsinkite. Susukite į vidutinio dydžio rutulį. Padėkite ant neteptos sausainių skardos. Šiek tiek išlyginkite, įtraukite centrą, į centrą dėkite abrikosų įdarą. Kepkite 350 laipsnių 15 minučių. Šiek tiek atvėsinkite ir ant viršaus pabarstykite cukraus pudrą.
c) **Užpildymas:** Įdėkite 1 vnt. (11 oz.) abrikosų puode ir įpilkite vandens, tik uždenkite. Įpilkite ½ puodelio (arba pagal skonį) cukraus ir užvirinkite.
d) Uždenkite ir troškinkite 10 minučių arba tol, kol abrikosai suminkštės ir susigers didžioji dalis vandens. Perspauskite per sietelį arba susukite maišytuve. Padaro 2 puodelius.

45. Sūrio žemės riešutų sviesto sausainiai

Išeiga: 12 porcijų

Ingridientai
- ½ puodelio žemės riešutų sviesto
- 1 puodelis susmulkintas aštrus arba švelnus
- Čedario sūris
- ⅔ puodelio sviesto, suminkštintas
- 1½ puodelio nebalintų universalių miltų
- ½ arbatinio šaukštelio druskos

Kryptys

a) Vidutiniame dubenyje sumaišykite žemės riešutų sviestą, sūrį, sviestą, miltus ir druską. Gerai ismaisyti. Uždenkite ir atvėsinkite 1 valandą.

b) Įkaitinkite orkaitę iki 375 laipsnių F. Įdėkite šaukštelį tešlos 2 colių atstumu vienas nuo kito ant sausainių skardos ir kepkite 10-12 minučių arba iki auksinės rudos spalvos.

46. Varškės sausainiai

Išeiga: 6 porcijos

Ingridientai
- ½ puodelio sviesto arba sviesto pakaitalo
- 1½ stiklinės miltų
- 2 arbatiniai šaukšteliai Kepimo milteliai
- ½ stiklinės varškės
- ½ stiklinės cukraus
- ½ arbatinio šaukštelio druskos

Kryptys

a) Sviestą ir sūrį sutrinkite iki vientisos masės. Miltus persijokite, išmatuokite ir persijokite su cukrumi, kepimo milteliais ir druska. Palaipsniui įpilkite į pirmąjį mišinį. Suformuokite kepaliuką. Atvėsinkite per naktį. Supjaustykite plonai.

b) Padėkite ant šiek tiek aliejumi pateptos kepimo skardos. Kepkite vidutinėje orkaitėje (400 F) 10 minučių arba iki švelnios rudos spalvos.

47. Varškės avižiniai sausainiai

Išeiga: 1 porcija

Ingridientai
- 1 puodelis Miltų
- 1 arbatinis šaukštelis druskos
- ½ arbatinio šaukštelio kepimo soda
- 1 arbatinis šaukštelis cinamono
- 1½ stiklinės cukraus
- ½ puodelio melasos
- 1 plaktas kiaušinis
- 1 arbatinis šaukštelis Citrinos žievelės
- 1 valgomasis šaukštas citrinos sulčių
- ¾ puodelio Išlydyto patrumpinimo
- ½ stiklinės grietinėlės varškės
- 3 puodeliai Greitai paruošiamos avižos

Kryptys

a) Išsijokite miltus, druską, soda ir cinamoną. Sumaišykite kitus penkis ingredientus, tada įpilkite išsijotų miltų mišinio, sutirštėjimo ir varškės.

b) Įmaišykite į apvoliotas avižas. Arbatinius šaukštelius užmeskite ant riebalais išteptos sausainių skardos ir kepkite 350–375 laipsnių temperatūroje, kol iškeps. Padaro 4 dešimtis sausainių.

48. Kreminio sūrio ir želė sausainiai

Išeiga: 36 slapukai

Ingridientai

- ¾ puodelio margarino, suminkštinto
- 8 uncijos Pkg. sumažintas=riebumo kreminis sūris, suminkštintas
- 2½ arbatinio šaukštelio saldiklio
- 2 puodeliai universalių miltų
- ¼ arbatinio šaukštelio druskos
- ¼ puodelio juodųjų vyšnių ARBA besėklių tepamų aviečių vaisių

Kryptys

a) Vidutiniame dubenyje išplakite margariną, kreminį sūrį ir „Equal Measure" iki purios masės; sumaišykite miltus ir druską, suformuokite minkštą tešlą. Šaldykite, uždengę, kol tešla sutvirtės, apie 3 valandas.

b) Ant lengvai miltais pabarstyto paviršiaus iškočiokite tešlą ⅛ colio storio apskritimu, 3 colių pjaustytuvu supjaustykite apskritimais. Kiekvieno apskritimo centre įdėkite ¼ arbatinio šaukštelio tepamo vaisiaus; sulenkite apvalumus į pusę ir stipriai užspauskite kraštus šakutės dantimis. Aštrio peilio galiuku pradurkite sausainių viršūnes.

c) Kepkite sausainius ant riebalais išteptų sausainių lakštų įkaitintoje 350° orkaitėje, kol lengvai paruduos, maždaug 10 minučių. Atvėsinkite ant grotelių.

49. Kremo sūrio išpjaustyti sausainiai

Išeiga: 5 porcijos

Ingridientai

- 1 stiklinės cukraus;
- 1 stiklinės margarino; suminkštintas -=ARBA=-
- 1 puodelis Sviesto
- 1 pakelis (3 uncijos) grietinėlės sūrio, suminkštintas
- 1 arbatinis šaukštelis vanilės
- 1 Kiaušinio;
- 2½ puodelio universalių miltų; -=ARBA=-
- 2½ stiklinės nebalintų miltų
- ¼ arbatinio šaukštelio druskos;
- Spalvotas cukrus; JEI PAGEIDAUJAMA

Kryptys

a) Dideliame dubenyje išplakite cukrų, margariną, kreminį sūrį iki šviesios ir purios masės. Įpilkite vanilės ir kiaušinio, gerai išmaišykite.
b) Lengvai supilkite miltus į matavimo puodelį, išlyginkite. Į margariną įmaišykite miltus ir druską; gerai ismaisyti. Uždenkite plastikine plėvele; laikykite šaldytuve vieną ar dvi valandas, kad būtų lengviau tvarkyti. Įkaitinkite orkaitę 375 F.
c) Ant lengvai miltais pabarstyto; storis; likusią tešlą atšaldykite. Iškočiotą tešlą supjaustykite norimomis formomis miltais pabarstytais sausainių formelėmis. Padėkite 1 colio atstumu vienas nuo kito ant nateptų sausainių skardos.
d) Sausainius palikite paprastus arba pabarstykite spalvotu cukrumi.
e) Kepkite sausainius 375 laipsnių temperatūroje 7-10 minučių arba tol, kol kraštai lengvai paruduos. Atvėsinkite vieną

minutę; išimti iš sausainių lakštų. Jei norite, užšaldykite ir papuoškite paprastus sausainius.

50.   Jumbo kreminio sūrio žemės riešutų sviesto sausainis

Išeiga: 12 porcijų

Ingridientai
- 1 ritinys atšaldytų „Slice 'n' Bake" sausainių
- ¾ puodelio žemės riešutų sviesto
- 4 uncijos grietinėlės sūrio; Suminkštėjo
- 3 šaukštai Cukrus
- ⅛ arbatinio šaukštelio druskos
- 3 šaukštai margarino arba sviesto, suminkštintas
- 2 šaukštai Pieno
- 2 arbatiniai šaukšteliai vanilės ekstrakto
- ½ puodelio žemės riešutų; Sukapoti

Kryptys

a) Įkaitinkite orkaitę iki 375 laipsnių F. Iškočiokite sausainių tešlą ant 12 colių picos keptuvės. Kepkite 12-13 minučių arba iki auksinės rudos spalvos.

b) Leiskite atvėsti, kol liesti atvės. Mažame dubenyje sumaišykite žemės riešutų sviestą, kreminį sūrį, cukrų, druską, margariną, pieną ir vanilę. Plakite vidutiniu greičiu elektriniu plaktuvu iki šviesios ir purios masės. Tepkite mišinį ant sausainio ir pabarstykite smulkintais žemės riešutais. Supjaustykite griežinėliais.

51. Meksikietiški sūrio sausainiai

Išeiga: 24 porcijos

Ingridientai
- ½ stiklinės cukraus
- ⅓ puodelio margarino
- 1 puodelis Monterey Jack sūrio -
- Susmulkinta
- 1 puodelis universalių miltų
- 1 arbatinis šaukštelis Kepimo milteliai
- ¼ arbatinio šaukštelio druskos
- 1 didelis kiaušinis – sumuštas

Kryptys

a) Įkaitinkite orkaitę iki 375 laipsnių. 1-Sumaišykite cukrų ir minkštą margariną; įmaišykite sūrį. Sumaišykite likusius ingredientus, išskyrus kiaušinį. 2-Tešlą po arbatinį šaukštelį iškočiokite į maždaug 3½ x ½ colio dydžio lazdeles. Padėkite ant lengvai riebalais pateptos sausainių skardos. Lengvai paspauskite pagaliukus, kad išsilygintų. Aptepkite plaktu kiaušiniu.

b) 3-Kepkite iki šviesiai rudos spalvos tik aplink kraštus, 8-10 minučių. Nedelsdami išimkite iš lakšto ir atvėsinkite ant grotelių. Šie unikalūs sausainiai yra traškūs.

52. Apelsinų-grietinėlės sūrio sausainiai

Išeiga: 48 porcijos

Ingridientai
- ½ puodelio Sutrumpinimas
- 2 Kiaušiniai
- 2 šaukštai tarkuotos apelsino žievelės
- 2 stiklinės išsijotų miltų
- 12 uncijų šokolado traškučių
- 1 puodelis Cukraus
- 8 uncijos grietinėlės sūrio
- 2 arbatiniai šaukšteliai vanilės
- 1 arbatinis šaukštelis druskos

Kryptys

a) Grietinėlės sutrumpinimas, cukrus ir kiaušiniai kartu; sudėkite kreminį sūrį, apelsino žievelę ir vanilę. Palaipsniui suberkite miltus, į kuriuos įberta druskos; gerai ismaisyti.
b) Įmaišykite šokolado drožles. Nuleiskite iš arbatinio šaukštelio ant neteptos sausainių skardos.
c) Kepkite 350 laipsnių orkaitėje apie 10–12 minučių.

53. Žolelių-sūrio obuolių sausainiai

Išeiga: 1 porcija

Ingridientai
- ¾ puodelio universalių miltų
- ¾ puodelio pilno grūdo miltų
- 1 puodelis Sharp čederio, tarkuoto
- 4 šaukštai sviesto skonio patrumpinimo
- 1 Kiaušinis
- ½ puodelio pasukų
- 2 obuoliai, nulupti, nulupti ir smulkiai supjaustyti
- 1 arbatinis šaukštelis Šviežių petražolių, kapotų

Kryptys

a) Įkaitinkite orkaitę iki 400 ø F. Sumaišykite miltus ir sūrį, supjaustykite. Kiaušinį išplakti su pasukomis ir supilti į miltų mišinį.

b) Į šlapią miltų mišinį suberkite obuolius ir petražoles ir maišykite, kol pasidarys minkšta tešla. Dėkite po šaukštą ant neteptos sausainių skardos ir kepkite 15-20 minučių.

54. Ricotta sūrio sausainiai

Išeiga: 5-8 porcijos

Ingridientai
- ½ svaro margarino
- 2 Kiaušiniai
- 1 svaras Ricotta sūrio
- 2 puodeliai Cukrus
- 1 arbatinis šaukštelis Kepimo milteliai
- 1 arbatinis šaukštelis Kepimo soda
- 4 puodeliai Miltų
- 2 arbatiniai šaukšteliai vanilės arba citrinos ekstrakto
- ¼ arbatinio šaukštelio muskato riešuto

Kryptys

a) Sutrinkite sviestą ir cukrų, tada supilkite ekstraktą. Įmuškite kiaušinį po vieną, gerai išplakdami kiekvieną kartą. Suberkite sūrį ir plakite 1 min.

b) Lėtai sudėkite sausus ingredientus. Dėkite po šaukštelius ant neteptos sausainių skardos. Kepkite 350° temperatūroje 12-15 minučių.

c) Išverskite ant grotelių, kad atvėstų ir, jei norite, pabarstykite cukraus pudra.

55. Kramtomi šokoladiniai-grietinėlės sūrio sausainiai

Išeiga: 48 porcijos

Ingridientai
- 8 uncijos lengvo kreminio sūrio
- ½ stiklinės margarino
- 1 Kiaušinis
- 1½ stiklinės cukraus
- 300 gramų šokolado traškučių; padalintas
- 2¼ puodelio miltų
- 1½ arbatinio šaukštelio kepimo soda
- ½ puodelio kapotų graikinių riešutų

Kryptys

a) Kreminį sūrį išplakite su sviestu, kiaušiniu ir cukrumi iki šviesios ir purios masės. Ištirpinkite 1 puodelį šokolado drožlių.
b) Įmaišykite į tešlą. Įmaišykite miltus, soda ir graikinius riešutus kartu su likusiais šokolado drožlėmis. Nuleiskite iš šaukšto ant neteptos sausainių skardos.
c) Kepkite 350 laipsnių kampu 10-12 minučių arba kol sutvirtės aplink kraštus. Išimkite iš sausainių lakštų ir atvėsinkite.

IMBERINIAI SAUSAINIAI

56.   Močiutės gingersnaps

Ingridientai

- 3/4 puodelio margarino
- 1 puodelis baltojo cukraus
- 1 kiaušinis
- 1/4 puodelio melasos
- 2 puodeliai universalių miltų
- 1 valgomasis šaukštas malto imbiero
- 1 arbatinis šaukštelis malto cinamono
- 2 arbatinius šaukštelius kepimo sodos
- 1/2 arbatinio šaukštelio druskos
- 1/2 stiklinės baltojo cukraus papuošimui

Kryptys

a) Įkaitinkite orkaitę iki 350°F (175°C).

b) Vidutiniame dubenyje suplakite margariną ir 1 puodelį baltojo cukraus iki vientisos masės. Įmuškite kiaušinį ir melasą, kol gerai susimaišys. Sumaišykite miltus, imbierą, cinamoną, soda ir druską; įmaišykite į melasos mišinį, kad susidarytų tešla. Iš tešlos iškočiokite 1 colio rutuliukus ir apvoliokite juos likusiame cukruje. Sudėkite sausainius 2 colių atstumu vienas nuo kito ant neteptų sausainių lakštų.

c) Kepkite 8–10 minučių įkaitintoje orkaitėje. Leiskite sausainiams atvėsti ant kepimo skardos 5 minutes, prieš iškeldami ant grotelių, kad visiškai atvėstų.

57. Imbieriniai berniukai

Ingridientai

- 1 puodelis sviesto, suminkštintas
- 1 1/2 stiklinės baltojo cukraus
- 1 kiaušinis
- 11/2 šaukštų apelsino žievelės
- 2 šaukštai tamsaus kukurūzų sirupo
- 3 puodeliai universalių miltų
- 2 arbatinius šaukštelius kepimo sodos
- 2 arbatinius šaukštelius malto cinamono
- 1 arbatinis šaukštelis malto imbiero
- 1/2 arbatinio šaukštelio maltų gvazdikėlių
- 1/2 arbatinio šaukštelio druskos

Kryptys

a) Sviestą ir cukrų sutrinkite kartu. Įmuškite kiaušinį ir gerai išmaišykite. Sumaišykite apelsino žievelę ir tamsų kukurūzų sirupą. Suberkite miltus, kepimo soda, cinamoną, imbierą, maltus gvazdikėlius ir druską, maišykite, kol gerai susimaišys. Atšaldykite tešlą mažiausiai 2 valandas.

b) Įkaitinkite orkaitę iki 375 ° F (190 ° C). Sutepkite sausainių lakštus. Ant lengvai miltais pabarstyto paviršiaus iškočiokite tešlą iki 1/4 colio storio. Supjaustykite norimomis formomis, naudodami sausainių formeles. Ant paruoštų sausainių lakštų dėkite sausainius 1 colio atstumu.

c) Kepkite 10–12 minučių įkaitintoje orkaitėje, kol sausainiai sutvirtės ir lengvai apskrus krašteliai.

58.   Šokoladiniai romo rutuliukai

Ingridientai

- 3 1/4 puodelio susmulkintų vanilinių vaflių
- 3/4 stiklinės konditerinio cukraus
- 1/4 puodelio nesaldintos kakavos miltelių
- 1 1/2 puodelio kapotų graikinių riešutų
- 3 šaukštai šviesaus kukurūzų sirupo
- 1/2 puodelio romo

Kryptys

a) Dideliame dubenyje sumaišykite susmulkintus vanilinius vaflius, 3/4 puodelio konditerinio cukraus, kakavą ir riešutus. Įmaišykite kukurūzų sirupą ir romą.

b) Suformuokite 1 colio rutuliukus ir apvoliokite papildomame konditeriniame cukruje. Kelias dienas laikykite sandariame inde, kad išsiskirtų skonis. Prieš patiekdami dar kartą apvoliokite konditeriniame cukruje.

59. Imbieriniai melasos sausainiai

Išeiga: 72 porcijos

Ingridientai

- 2½ stiklinės miltų
- 2 arbatiniai šaukšteliai malto imbiero
- 1 arbatinis šaukštelis cinamono
- 2 arbatiniai šaukšteliai kepimo soda
- ½ arbatinio šaukštelio druskos
- 12 šaukštų nesūdyto sviesto
- 1 puodelis rudojo cukraus
- 1 Kiaušinis
- ⅓ puodelio melasos
- Cukrus kočiojimui

Kryptys

a) Sumaišykite miltus, prieskonius, soda ir druską. Elektriniu plaktuvu vidutiniu-mažu greičiu išplakite sviestą ir cukrų iki šviesios ir purios masės. Įmuškite kiaušinį ir melasą. Sumažinkite greitį iki mažo ir palaipsniui supilkite miltų mišinį, kol viskas susimaišys. Atvėsinkite, kol sutvirtės, apie 1 val. Įkaitinkite orkaitę iki 350 ~.

b) Iš tešlos suformuokite maždaug 1" rutuliukus, apvoliokite cukruje ir maždaug 2" atstumu vienas nuo kito padėkite ant kepimo skardos. Kepkite, kol kraštai pradės ruduoti, apie 15 min. Atvėsinkite ant kepimo skardos 2 minutes, tada perkelkite į groteles.

60.   Kramtomi imbieriniai kalėdiniai sausainiai

Išeiga: 1 porcija

Ingridientai

- 2 puodeliai Cukrus
- 1 puodelis melasos
- 1 puodelis Crisco
- 2 Kiaušiniai
- 2 arbatiniai šaukšteliai soda
- 4 puodeliai Miltų
- 2 arbatiniai šaukšteliai imbiero
- 2 arbatiniai šaukšteliai cinamono
- 1 arbatinis šaukštelis Gvazdikėlių
- ½ arbatinio šaukštelio druskos

Kryptys

a) Gerai išmaišykite rankomis ir pridėkite: Viską sumaišykite (ranka – ne mikseriu).

b) Susukite į mažo graikinio riešuto dydžio rutuliukus, tada apvoliokite raudonos ir žalios spalvos cukruje. Kepkite 350 laipsnių temperatūroje apie 9 minutes. Sausainiai atrodys ne visai iškepti, bet neiškepę iki sukietėjimo pasidarys kramtomi. Sausainiai nuskandins ir turės įtrūkimų.

61. Nuleiskite imbierinius sausainius

Išeiga: 1 porcija

Ingridientai

- 1 puodelis Cukraus
- 1 puodelis melasos
- 1 puodelis Sutrumpinimas
- 3 Kiaušiniai
- 1 stiklinės vandens; karšta
- 1 valgomasis šaukštas kepimo soda
- 1 valgomasis šaukštas imbiero
- 1 arbatinis šaukštelis druskos
- 5 puodeliai Miltų

Kryptys

a) Grietinėlės sutrumpinimas ir cukrus. Įmuškite kiaušinius, gerai išplakite. Įpilkite melasos, imbiero ir druskos. Vėl mušti. Į karštą vandenį įpilkite soda. Gerai išmaišykite.

b) Įpilkite į aukščiau pateiktą mišinį. Suberkite miltus ir po šaukštą lašinkite ant riebalais išteptos skardos.

c) Kepti vidutinio sunkumo orkaitėje.

62. Imbieriniai citrininiai sausainiai

Išeiga: 36 porcijos

Ingridientai
- ¼ svaro nesūdyto sviesto
- ¾ puodelio cukraus; pliusas
- 2 šaukštai cukraus ir dar daugiau
- Pabarstymui
- 1 didelis kiaušinis
- 1 valgomasis šaukštas tarkuotos citrinos žievelės
- 1⅓ puodelio universalių miltų
- ½ arbatinio šaukštelio malto imbiero
- ½ arbatinio šaukštelio kepimo soda
- ¼ arbatinio šaukštelio druskos
- ¼ puodelio kristalizuoto imbiero 1/8 colio kauliukais

Kryptys

a) Įkaitinkite orkaitę iki 350 laipsnių. 2 kepimo skardas iškloti pergamentu; atidėti.
b) Elektriniu maišytuvu mentele maišykite sviestą ir cukrų vidutiniu greičiu, kol pasidarys šviesus ir purus, maždaug 5 minutes, du kartus nubraukdami dubens šonus. Įdėkite kiaušinį; maišykite dideliu greičiu, kad sujungtumėte.
c) Pridėti žievelės; sumaišykite, kad sujungtumėte. Dubenyje sumaišykite miltus, maltą imbierą, soda, druską ir kristalizuotą imbierą, suberkite į sviesto mišinį; maišykite vidutiniu-mažu greičiu, kad sujungtumėte, apie 20 sekundžių. Naudodami du šaukštus ant kepimo skardos užmeskite apie 2 arbatinius šaukštelius tešlos; pakartokite, tarp jų 2 coliai.
d) Kepkite 7 minutes. Padaro 3 dešimtis.

63. Mažo riebumo imbieriniai sausainiai

Išeiga: 1 porcija

Ingridientai
- 1 puodelis supakuoto rudojo cukraus
- ¼ puodelio obuolių padažo
- ¼ puodelio melasos
- 1 didelis kiaušinis
- 2¼ puodelio miltų
- 3 arbatiniai šaukšteliai malto imbiero
- 1½ arbatinio šaukštelio cinamono
- ¼ arbatinio šaukštelio Maltų gvazdikėlių
- 1 arbatinis šaukštelis Kepimo soda
- ¼ puodelio baltojo cukraus

Kryptys

a) Dideliame dubenyje išplakite rudąjį cukrų, obuolius, melasą ir kiaušinį iki vientisos masės. Kitame dubenyje sumaišykite likusius ingredientus (išskyrus baltąjį cukrų) ir įmaišykite į šlapią mišinį. Uždenkite ir šaldykite mažiausiai 2 valandas arba per naktį.

b) Įkaitinkite orkaitę iki 350 laipsnių. Iš tešlos suformuokite mažus graikinio riešuto dydžio rutuliukus, apvoliokite baltame cukruje ir 2 colių atstumu vienas nuo kito padėkite ant riebalais ištepto sausainių skardos.

c) Kepkite 10-15 minučių.

d) Išimkite ir atvėsinkite ant grotelių.

64.   Moliūgų ir šviežių imbierinių sausainių

Išeiga: 2 dešimtys

Ingridientai
- 1¼ puodelio supakuoto šviesiai rudojo cukraus
- 1 puodelis Moliūgų tyrės
- 1 didelis kiaušinis
- 2 šaukštai tarkuotos šviežios imbiero šaknies
- 2 šaukštai grietinės
- 1 arbatinis šaukštelis vanilės
- ½ puodelio nesūdyto sviesto suminkštintas
- 2¼ puodelio miltų
- 1 arbatinis šaukštelis Kepimo soda
- 1 arbatinis šaukštelis Kepimo milteliai
- ½ arbatinio šaukštelio druskos
- ½ arbatinio šaukštelio cinamono
- 1 puodelis kapotų graikinių riešutų
- 1 puodelis serbentų arba kapotų razinų

Kryptys

a) Įkaitinkite orkaitę iki 350 ir lengvai sutepkite sausainių lakštus. Virtuviniu kombainu sumaišykite cukrų, moliūgą, kiaušinį, imbierą, grietinę ir vanilę.
b) Apdorokite vientisą tyrę. Įpilkite sviesto ir apdorokite dar 8 sekundes.
c) Miltus sumaišykite kepimo soda, kepimo miltelius, druską ir cinamoną. Sumaišykite sausus ingredientus į skystį dviem etapais, kol susimaišys.

65.   Minkšti imbieriniai sausainiai

Išeiga: 1 porcija

Ingridientai
- 12 stiklinių miltų
- 4 puodeliai melasos
- 2 puodeliai Sutrumpinimas
- 2 puodeliai Pieno; rūgštus
- 2 arbatiniai šaukšteliai kepimo soda
- 2 šaukštai imbiero
- 2 šaukštai cinamono
- 1 arbatinis šaukštelis druskos
- 2 Kiaušiniai; sumuštas

Kryptys

a) Į keptuvę išsijokite miltus, centre suformuokite duobutę. Įpilkite patrumpinimo, melasos.
b) rūgpienis, kuriame ištirpinta soda. Suberkite prieskonius, druską ir kiaušinį.
c) Greitai išmaišykite iki vientisos minkštos tešlos. Kepti vidutinio sunkumo orkaitėje.

66. Saldžių sapnų imbieriniai sausainiai

Išeiga: 72 porcijos

Ingridientai

- 2 lazdelės margarino; suminkštėjo
- 1½ stiklinės šviesiai rudojo cukraus; tvirtai supakuotas
- 2 Kiaušiniai
- 2¼ puodelio universalių miltų
- 1 arbatinis šaukštelis Kepimo soda
- ½ arbatinio šaukštelio druskos
- 1 arbatinis šaukštelis cinamono
- 1 arbatinis šaukštelis Malto imbiero
- 1 puodelis kapotų pekano riešutų
- 12 uncijų vanilės kąsneliai
- 1 arbatinis šaukštelis vanilės ekstrakto

Kryptys

a) Sumaišykite margariną, rudąjį cukrų ir kiaušinius. Sumaišykite, tada suberkite miltus, soda, druską, cinamoną ir imbierą. Sulenkite pekano riešutus, vanilės drožles ir vanilę.

b) Suformuokite vieno colio rutuliukus. Rutuliukus apvoliokite konditeriniame cukruje.

c) Kepkite 8-10 minučių 375 laipsnių temperatūroje.

NEMOKĖTI Slapukai

67. Apelsinų spanguolių lašai

Ingridientai

- 1/2 puodelio supakuoto rudojo cukraus
- 1/4 puodelio sviesto, suminkštinto
- 1 kiaušinis
- 3 šaukštai apelsinų sulčių
- 1/2 arbatinio šaukštelio apelsinų ekstrakto
- 1 arbatinis šaukštelis tarkuotos apelsino žievelės
- 1 1/2 puodelio universalių miltų
- 1/2 arbatinio šaukštelio kepimo miltelių
- 1/4 arbatinio šaukštelio kepimo sodos
- 1/4 arbatinio šaukštelio druskos
- 1 puodelis džiovintų spanguolių

Kryptys

a) Įkaitinkite orkaitę iki 375 ° F (190 ° C). Lengvai sutepkite sausainių lakštus arba išklokite pergamentiniu popieriumi.

b) Vidutiniame dubenyje sumaišykite baltąjį cukrų, rudąjį cukrų ir sviestą. Įmaišykite kiaušinį, apelsinų sultis, apelsinų ekstraktą ir apelsino žievelę. Išsijokite miltus, kepimo miltelius, soda ir druską; įmaišykite į apelsinų mišinį. Įmaišykite džiovintas spanguoles. Supilkite sausainių tešlą, supildami arbatinius šaukštelius 2 colių atstumu vienas nuo kito ant paruoštų sausainių lakštų.

c) Kepkite 10–12 minučių arba kol kraštai pradės ruduoti. Atvėsinkite ant kepimo skardos 5 minutes, tada iškelkite ant grotelių, kad visiškai atvėstų.

68.   Cukrinių slyvų lašai

Ingridientai

- 1/2 puodelio sviesto, suminkštinto
- 1/2 puodelio patrumpinimo
- 11/2 stiklinės baltojo cukraus
- 2 kiaušiniai
- 2 arbatiniai šaukšteliai vanilės ekstrakto
- 2 3/4 stiklinės universalių miltų
- 2 arbatiniai šaukšteliai grietinėlės tartorių
- 1 arbatinis šaukštelis kepimo sodos
- 1/4 arbatinio šaukštelio druskos
- 2 šaukštai baltojo cukraus
- 2 arbatinius šaukštelius malto cinamono

Kryptys

a) Įkaitinkite orkaitę iki 400°F (200°C).

b) Sumaišykite sviestą, sviestą, 1 1/2 puodelio cukraus, kiaušinius ir vanilę. Sumaišykite miltus, grietinėlę, sodą ir druską. Iš tešlos suapvalintais šaukštais suformuokite rutuliukus.

c) Sumaišykite 2 šaukštus cukraus ir cinamono. Mišinyje iškočiokite tešlos rutuliukus. Padėkite 2 colių atstumu vienas nuo kito ant neteptų kepimo skardų.

d) Kepkite 8-10 minučių arba kol sustings, bet ne per kietai. Nedelsdami išimkite iš kepimo skardų.

69. Vienos pusmėnulio šventiniai slapukai

Ingridientai

- 2 puodeliai universalių miltų
- 1 puodelis sviesto
- 1 stiklinė sumaltų lazdyno riešutų
- 1/2 stiklinės išsijoto konditerinio cukraus
- 1/8 arbatinio šaukštelio druskos
- 1 arbatinis šaukštelis vanilės ekstrakto
- 2 stiklinės išsijoto konditerinio cukraus
- 1 vanilės ankšties

Kryptys

a) Įkaitinkite orkaitę iki 375 ° F (190 ° C).

b) Dideliame dubenyje sumaišykite miltus, sviestą, riešutus, 1/2 puodelio konditerinio cukraus, druską ir vanilę. Rankomis maišykite, kol gerai susimaišys. Iš tešlos suformuokite rutulį. Uždenkite ir šaldykite 1 valandą.

c) Tuo tarpu į dubenį ar nedidelį indą suberkite cukrų. Aštriu šefo peiliu perpjaukite vanilės ankštį išilgai. Išskobkite sėklas ir sumaišykite su cukrumi. Supjaustykite ankštį 2 colių gabalėliais ir sumaišykite su cukrumi.

d) Išimkite tešlą iš šaldytuvo ir suformuokite 1 colio rutuliukus. Kiekvieną rutulį susukite į nedidelį 3 colių ilgio ritinį. Padėkite 2 colius vienas nuo kito ant neteptų sausainių lakšto ir sulenkite kiekvieną, kad susidarytumėte pusmėnulio formą.

e) Kepkite 10–12 minučių iš anksto įkaitintoje orkaitėje arba kol sustings, bet ne rudos spalvos.

f) Leiskite pastovėti 1 minutę, tada išimkite iš sausainių lakštų. Karštus sausainius dėkite ant didelio aliuminio folijos lakšto. Pabarstykite paruoštu cukraus mišiniu. Švelniai pasukite, kad padengtumėte abi puses. Visiškai atvėsinkite ir laikykite sandariame inde kambario temperatūroje. Prieš patiekdami apibarstykite dar vanilės skonio cukrumi.

70. Spanguolių Hootycreeks lašai

Ingridientai

- 5/8 puodelio universalių miltų
- 1/2 puodelio valcuotų avižų
- 1/2 puodelio universalių miltų
- 1/2 arbatinio šaukštelio kepimo sodos
- 1/2 arbatinio šaukštelio druskos
- 1/3 puodelio supakuoto rudojo cukraus
- 1/3 stiklinės baltojo cukraus
- 1/2 puodelio džiovintų spanguolių
- 1/2 puodelio baltojo šokolado drožlių
- 1/2 puodelio kapotų pekano riešutų

Kryptys

a) Sudėkite ingredientus į 1 kvorto arba 1 litro stiklainį nurodyta tvarka.

b) 1. Įkaitinkite orkaitę iki 350°F (175°C). Slapuką ištepkite riebalais arba išklokite kepimo popieriumi.

c) 2. Vidutiniame dubenyje suplakite 1/2 puodelio minkšto sviesto, 1 kiaušinį ir 1 arbatinį šaukštelį vanilės iki purios masės. Įpilkite visą indelį su ingredientais ir maišykite rankomis, kol gerai susimaišys. Supilkite šaukštus ant paruoštų kepimo skardų.

d) 3.Kepkite 8-10 minučių arba kol kraštai pradės ruduoti. Atvėsinkite ant kepimo skardos arba išimkite atvėsti ant grotelių.

71. Obuolių-razinų lašinukai

Išeiga: 1 porcija

Ingridientai

- 1 pakuotė Pillsbury Moist Supreme Yellow Cake Mix
- 1 arbatinis šaukštelis cinamono
- ½ arbatinio šaukštelio muskato riešuto
- ½ stiklinės grietinės
- 2 Kiaušiniai
- 1 puodelis obuolių; Stambiai susmulkintas
- ½ puodelio razinų
- 2 šaukštai cukraus pudros
- 4 dešimtys sausainių.

Kryptys

a) Įkaitinkite orkaitę iki 350 F. Sutepkite sausainių lakštus. Dideliame dubenyje sumaišykite pyrago mišinį, cinamoną, muskato riešutą, grietinę ir kiaušinius; gerai išmaišyti.

b) Įmaišykite obuolį ir razinas. Tešlą numeskite ant riebalais išteptų sausainių lakštų sudėdami arbatinius šaukštelius 1 colio atstumu vienas nuo kito. 2.

c) Kepkite 10-14 minučių arba tol, kol kraštai bus auksinės rudos spalvos.

d) Nedelsdami išimkite iš sausainių lakštų. Atvėsinkite 5 minutes arba kol visiškai atvės. Jei norite, pabarstykite cukraus pudra.

72. Mėlynių lašų sausainiai

Išeiga: 30 porcijų

Ingridientai

- 2 stiklinės išsijotų miltų
- 2 arbatiniai šaukšteliai Kepimo milteliai
- $\frac{1}{4}$ arbatinio šaukštelio druskos
- $\frac{3}{4}$ puodelio sutrumpinimas
- 1 puodelis Cukraus
- 2 Kiaušiniai
- $1\frac{1}{2}$ arbatinio šaukštelio tarkuotos citrinos žievelės
- $\frac{1}{2}$ puodelio Pieno
- 1 puodelis Šviežių mėlynių

Kryptys

a) Išsijokite miltus, kepimo miltelius ir druską. Grietinėlę patrumpinkite iki minkštos ir palaipsniui įmaišykite į cukrų. Įmuškite kiaušinius ir citrinos žievelę ir plakite, kol gerai susimaišys. Įpilkite miltų mišinį pakaitomis su pienu, kiekvieną kartą plakdami iki vientisos masės.

b) Lengvai įmaišykite mėlynes. Dėkite po šaukštelius ant riebalais išteptos sausainių skardos. Kepkite 375 laipsnių temperatūroje 10-12 minučių.

73. Vyšniniai sausainiai

Išeiga: 48 porcijos

Ingridientai

- 1 pakuotė Cherry Supreme Deluxe Cake
- ½ puodelio kepimo aliejaus
- 2 šaukštai Vanduo
- 2 Kiaušiniai
- Keli lašai raudonų maistinių dažų
- 1 puodelis kapotų riešutų
- Ketvirčiais supjaustyta maraschino vyšnia

Kryptys

a) Įkaitinkite orkaitę iki 350 laipsnių. Sumaišykite pyrago mišinį, aliejų, vandenį, kiaušinius ir maistinius dažus. Įmaišykite riešutus. Nuleiskite iš arbatinio šaukštelio ant neteptos sausainių skardos. Ant kiekvieno sausainio uždėkite ketvirtadalį maraschino vyšnios.

b) Kepkite 10-12 minučių. Atvėsinkite ant sausainių lapo apie 1 minutę, tada ant grotelių, kad baigtumėte atvėsti.

74. Kakaviniai sausainiai

Išeiga: 5 dešimtys

Ingridientai

- ½ puodelio Sutrumpinimas
- 1 puodelis Cukraus
- 1 Kiaušinis
- ¾ puodelio pasukų
- 1 arbatinis šaukštelis vanilės ekstrakto
- 1¾ puodelio miltų, universalūs
- ½ arbatinio šaukštelio soda
- ½ arbatinio šaukštelio druskos
- ½ puodelio kakavos
- 1 puodelis pekano riešutų; kapotų (arba graikinių riešutų)

Kryptys

a) Kremo sutrumpinimas; pamažu suberiame cukrų, plakame iki šviesios ir purios masės. Įmuškite kiaušinį, gerai išplakite. Įmaišykite pasukas ir vanilės ekstraktą.

b) Sumaišykite miltus, soda, druską ir kakavą; sudėkite į grietinėlės mišinį, gerai išplakite. Įmaišykite pekano riešutus. Atšaldykite tešlą 1 valandą.

c) Arbatiniais šaukšteliais 2 colių atstumu vienas nuo kito dėkite tešlą ant riebalais išteptų sausainių lakštų.

d) Kepkite 400 laipsnių temperatūroje nuo 8 iki 10 minučių.

75. Datos užpildyti lašinkite slapukus

Išeiga: 30 sausainių

Ingridientai

- 4 puodeliai Pagrindinis sausainių mišinys
- ¼ arbatinio šaukštelio cinamono
- 2 kiaušiniai, sumušti
- 1 puodelis kapotų datulių
- 3 šaukštai Cukrus
- 1 arbatinis šaukštelis vanilės
- ¼ puodelio vandens arba pasukų
- Graikinių riešutų puselės
- 3 šaukštai Vanduo
- ¼ puodelio kapotų riešutų

Kryptys

a) Nedideliame puode sumaišykite datules, cukrų ir vandenį. Virkite ant vidutinės ugnies apie 5-10 minučių, maišydami, kol sutirštės. Nuimkite nuo ugnies.

b) Šiek tiek atvėsinkite. Įmaišykite smulkintus riešutus. Atidėkite atvėsti. Įkaitinkite orkaitę iki 375 laipsnių. Kepimo skardas lengvai patepkite riebalais. Dideliame dubenyje sumaišykite sausainių mišinį, cinamoną, kiaušinius, vanilę ir vandenį arba pasukas. Gerai išmaišykite. Dėkite po šaukštelį ant paruoštų kepimo skardų.

c) Ant kiekvieno sausainio uždėkite ½ šaukštelio datulių įdaro, šiek tiek paspausdami tešlą. Kiekvieną uždenkite dar vienu šaukšteliu tešlos. Ant viršaus uždėkite graikinio riešuto pusę. Kepkite 10–12 minučių.

76. Devil's food drop sausainiai

Išeiga: 6 porcijos

Ingridientai

- 1 puodelis rudojo cukraus
- ½ stiklinės sviesto, suminkštintas
- 1 arbatinis šaukštelis vanilės
- 2 uncijos (2 kvadratai) nesaldinto šokolado
- 1 Kiaušinis
- 2 puodeliai Miltų
- ½ arbatinio šaukštelio kepimo soda
- ½ arbatinio šaukštelio druskos
- ¾ stiklinės grietinės
- ½ puodelio kapotų graikinių riešutų

Mokos glaistymas:

- 1½ stiklinės cukraus pudros
- 2 šaukštai nesaldintos kakavos
- ¼ puodelio sviesto, suminkštintas
- 1-2 šaukšteliai. tirpios kavos granulės
- 1½ arbatinio šaukštelio vanilės
- 2-3 šaukštai. pieno

Kryptys

Slapukai:

a) Įkaitinkite orkaitę iki 350 laipsnių. Sutepkite sausainių lakštus. Dideliame dubenyje išplakite rudąjį cukrų ir ½ puodelio sviesto iki šviesios ir purios masės. Įpilkite 1 šaukštelį. vanilė, šokoladas ir kiaušinis; gerai išmaišyti.

b) Lengvai supilkite miltus į matavimo puodelį; išsilyginti. Mažame dubenyje sumaišykite miltus, soda ir druską. Į šokolado mišinį įpilkite sausų ingredientų ir grietinės; gerai ismaisyti.

c) Įmaišykite graikinius riešutus. Supilkite arbatinius šaukštelius 2 colių atstumu vienas nuo kito ant riebalais išteptų sausainių lakštų. Kepkite 350 laipsnių temperatūroje 10-14 minučių arba kol sustings.

d) Atvėsinti 1 minutę; išimti iš sausainių lakštų. Visiškai atvėsinkite.

Šaltinis:

e) Mažame dubenyje sumaišykite visus glaisto ingredientus, įpilkite pakankamai pieno, kad gautumėte norimą tepimo konsistenciją; plakite iki vientisos masės. Tepkite ant atvėsusių sausainių. Prieš sandėliuodami leiskite glaistui sustingti.

77.   Hickory nut drop sausainiai

Išeiga: 1 porcija

Ingridientai

- 2 puodeliai Cukrus
- 1 puodelis Trumpinimas; gerai mušti
- 2 Kiaušiniai
- 1 puodelis Pieno; rūgštus arba 1 puodelis pasukų
- 4 puodeliai Miltų
- 1 arbatinis šaukštelis Kepimo soda
- 1 arbatinis šaukštelis Kepimo milteliai
- 1 puodelis Riešutų; susmulkinti
- 1 puodelis razinų; susmulkinti

Kryptys

a) Sodą ir kepimo miltelius persijokite su miltais.

b) Sumaišykite likusius ingredientus, gerai išmaišykite.

c) Supilkite šaukštelius ant sausainių lakšto.

d) Kepkite vidutinėje 375 F. orkaitėje.

78. Ananasų lašų sausainiai

Išeiga: 1 porcija

Ingridientai

- $\frac{1}{4}$ puodelio sviesto
- $\frac{3}{4}$ puodelio cukraus
- 1 kiaušinis
- $\frac{1}{4}$ puodelio ananasų; nusausinti ir susmulkinti
- $1\frac{1}{4}$ puodelio miltų; išsijoti
- Druska; žiupsnelis
- $\frac{1}{4}$ arbatinio šaukštelio kepimo soda
- $\frac{1}{2}$ arbatinio šaukštelio Kepimo miltelių
- $\frac{1}{4}$ puodelio riešutų mėsos

Kryptys

a) Supilkite sviestą, cukrų, sudėkite likusius ingredientus. Gerai išmaišykite, užpilkite $\frac{1}{2}$ arbatinio šaukštelio ant sausainių skardos.

b) Kepkite orkaitėje 375 F.

79. Razinų ananasų lašinukai

Išeiga: 36 porcijos

Ingridientai

- ½ stiklinės sviesto
- ½ arbatinio šaukštelio vanilės
- 1 puodelis rudojo cukraus, supakuotas
- 1 Kiaušinis
- ½ puodelio razinų
- ¾ puodelio susmulkintų ananasų, nusausintų
- 2½ stiklinės miltų
- 1 arbatinis šaukštelis kepimo miltelių
- 1 arbatinis šaukštelis kepimo soda
- ½ arbatinio šaukštelio druskos

Kryptys

a) Sviestą, vanilę ir cukrų ištrinkite iki šviesios ir purios masės. Gerai įmuškite kiaušinį ir grietinėlę. Įmaišykite razinas ir ananasus. Išsijokite sausus ingredientus kartu. Palaipsniui įpilkite į grietinėlės mišinį. Maišykite, kol gerai susimaišys.

b) Dėkite po arbatinius šaukštelius ant riebalais išteptų sausainių lakštų. Kepkite 12-15 minučių įkaitintoje 375oF orkaitėje.

80. Cukinijų lašinukai

Išeiga: 36 porcijos

Ingridientai

- 1 puodelis tarkuotos cukinijos
- 1 arbatinis šaukštelis Kepimo soda
- 1 puodelis Cukraus
- ½ puodelio patrumpinimo arba sviesto
- 1 Kiaušinio; sumuštas
- 2 puodeliai Miltų
- 1 arbatinis šaukštelis cinamono
- ½ arbatinio šaukštelio Maltų gvazdikėlių
- ½ arbatinio šaukštelio druskos
- 1 puodelis kapotų riešutų
- 1 puodelis razinų

Kryptys

a) Sumaišykite cukiniją, soda, cukrų, sviestą ir išplaktą kiaušinį. Įsijokite miltus, cinamoną, gvazdikėlius ir druską. Išmaišykite, kad susimaišytų. Įmaišykite razinas ir riešutus ir po arbatinį šaukštelį lašinkite tešlą ant riebalais ištepto sausainių lakšto.

b) Kepkite įkaitintoje 375 F orkaitėje 12-15 minučių. Padaro 3 dešimtis.

SUSUKAUTINIAI

81. Šokoladiniai triufelių sausainiai

Padaro apie 16 sausainių

Ingridientai

- 8 šaukštai (1 lazdelė) nesūdyto sviesto
- 8 uncijos tamsaus šokolado (64% kakavos ar daugiau), stambiai supjaustyto
- ½ puodelio nebalintų universalių miltų arba miltų be glitimo
- 2 šaukštai olandiškai apdorotų kakavos miltelių (99% kakavos)
- ¼ arbatinio šaukštelio smulkios jūros druskos
- ¼ arbatinio šaukštelio kepimo sodos
- 2 dideli kiaušiniai, kambario temperatūros
- ½ stiklinės cukraus
- 2 arbatiniai šaukšteliai vanilės ekstrakto
- 1 puodelis tamsaus šokolado drožlių (64% kakavos ar daugiau)

Nurodymai:

a) Sviestą ir juodąjį šokoladą ištirpinkite dvigubame katile ant mažos ugnies, retkarčiais pamaišydami, kol visiškai ištirps. Visiškai atvėsinkite.

b) Nedideliame dubenyje sumaišykite miltus, kakavos miltelius, druską ir kepimo soda. Atidėti.

c) Elektriniu plakikliu išplakite kiaušinius ir cukrų dideliame dubenyje dideliu greičiu iki šviesios ir purios masės, maždaug 2 minutes. Įpilkite vanilės, tada supilkite ištirpintą šokoladą ir sviestą ir plakite 1-2 minutes, kol susimaišys.

d) Nubraukite dubenėlio šonus ir, naudodami didelę guminę mentelę, įmaišykite sausus ingredientus, kol jie susimaišys. Supilkite šokolado drožles. Uždenkite plastikine plėvele ir šaldykite mažiausiai 4 valandas.

e) Įdėkite lentyną orkaitės centre ir įkaitinkite orkaitę iki 325 ° F. Kepimo skardą išklokite kepimo popieriumi.

f) Sudrėkinkite rankas vandeniu ir iš tešlos iškočiokite 2 colių rutuliukus, dėdami juos maždaug 2 colių atstumu vienas nuo kito ant išklotos kepimo skardos. Dirbkite greitai, o jei sausainius kepate dalimis, likusią tešlą tarp raundų atšaldykite.

g) Kepkite 12-13 minučių, kol kraštai šiek tiek pakils ir vidurys beveik sustings. Išimkite iš orkaitės ir leiskite atvėsti ant keptuvės bent 10 minučių, tada perkelkite ant grotelių ir leiskite visiškai atvėsti.

Sumuštiniams su ledais surinkti

h) Sudėkite sausainius ant skardos ir užšaldykite 1 valandą. Suminkštinkite 1 kvortą ledų, kol jie taps kaušeliais. Man patinka, kad jis būtų paprastas ir naudojamasSaldūs grietininiai ledai, bet galite naudoti bet kokį skonį.

i) Išimkite sausainius iš šaldiklio ir greitai supilkite 2-4 uncijas ledų ant sausainio. Ledus išlyginkite, ant viršaus uždėdami kitą sausainį. Pakartokite.

j) Kai baigsite surinkti visus sumuštinius, grąžinkite juos į šaldiklį bent 2 valandoms, kad sukietėtų.

82. Avižinių dribsnių kreminiai sumuštiniai

Padaro 24 sausainius
:

Ingridientai

- 1½ puodelio nebalintų universalių miltų
- 2 puodeliai greitai paruošiamų avižų (tirpių avižinių dribsnių)
- 1 arbatinis šaukštelis kepimo sodos
- ¼ arbatinio šaukštelio malto cinamono
- ½ svaro (2 lazdelės) nesūdyto sviesto, suminkštinto
- 1½ stiklinės supakuoto šviesiai rudojo cukraus
- ¾ arbatinio šaukštelio smulkios jūros druskos
- 1 arbatinis šaukštelis vanilės ekstrakto
- 2 dideli kiaušiniai, kambario temperatūros
- 1 litras jūsų pasirinktų ledų

Nurodymai:

a) Įdėkite lentyną orkaitės centre ir įkaitinkite orkaitę iki 325 ° F. Dvi kepimo skardas išklokite pergamentu.

b) Dubenyje sumaišykite miltus, avižas, kepimo soda ir cinamoną ir gerai išmaišykite. Elektriniu plaktuvu išplakite sviestą dideliame dubenyje iki vientisos ir kreminės masės.

c) Suberkite cukrų ir druską ir plakite, kol mišinys taps šviesios spalvos ir purus; pagal poreikį nubraukite dubens šonus. Įpilkite vanilės ekstrakto ir plakite, kad tik susimaišytų.

d) Po vieną įmuškite kiaušinius, kiekvieną kartą gerai išplakdami. Tešla turi būti lygi ir kreminė.

e) Sudėkite pusę sausų ingredientų ir maišykite mažu greičiu, kol susimaišys. Suberkite likusius miltus ir maišykite, kol susimaišys. Būkite atsargūs, kad neperdirbtumėte tešlos.

f) 1 uncijos kaušeliu paskirstykite tešlą ant kepimo skardų, tarp sausainių maždaug 2 colių atstumu.

g) Sausainius šiek tiek išlyginkite rankos kulnu arba medinio šaukšto nugara.

h) Kepkite sausainius 7 minutes. Pasukite keptuvę ir kepkite dar 4–6 minutes arba tol, kol sausainių kraštai labai švelniai paruduos, bet vos sustings centre.

i) Leiskite sausainiams 10 minučių atvėsti ant kepimo skardos. Tada sudėkite juos į konteinerį arba 1 galono Ziploc šaldymo maišelį ir užšaldykite 2 valandas.

j) Norėdami surinkti kreminius sumuštinius, įdėkite 3 šaldytus sausainius ant skardos. Ant kiekvieno sausainio uždėkite po apvalų kaušelį (2–3 uncijos) šiek tiek suminkštintų ledų.

k) Ant viršaus uždėkite dar tris sausainius, suspauskite abu sausainius, kol ledai išsilygins ir susilies su išoriniais kraštais.

l) Visiškai surinktus kreminius sumuštinius dėkite atgal į šaldiklį ir pakartokite su likusiais sausainiais.

83.   Cream Puffs ir Éclairs Ring Cake

Padaro nuo 6 iki 12 porcijų

Ingridientai

- 1 puodelis drungno vandens
- 4 šaukštai (½ lazdelės) nesūdyto sviesto, supjaustyto gabalėliais
- 1 puodelis nebalintų universalių miltų arba miltų be glitimo
- 4 dideli kiaušiniai, kambario temperatūros
- Sūrus vanilinis šaldytas kremasarbaSūrus ožkos pieno šokoladinis šaldytas kremas
- Šokoladinis glajus(naudokite 4 šaukštus nenugriebto pieno)

Nurodymai:

a) Įkaitinkite orkaitę iki 400°F.

b) Vidutinio sunkumo puode sumaišykite vandenį ir sviestą ir užvirinkite, maišydami, kad sviestas ištirptų. Suberkite visus miltus ir maišykite, kol susidarys rutuliukas.

c) Nukelkite nuo ugnies ir elektriniu plaktuvu po vieną įmuškite kiaušinius.

Kremo išpūtimams

d) Šaukštu sudėkite šešis 4 colių atskirus tešlos kauburėlius ant neteptų sausainių lakšto (jei norite mažesnių sluoksnių, padarykite dvylika 2 colių kauburėlių). Kepkite iki auksinės rudos spalvos, apie 45 minutes. Išimkite iš orkaitės ir palikite atvėsti.

Dėl Éclairs

e) Įdėkite konditerinį maišelį su ¼ colio paprastu antgaliu, tada ant neteptos sausainių skardos uždėkite šešias–dvylika 4 colių juostelių. Kepkite iki auksinės rudos spalvos, apie 45 minutes. Išimkite iš orkaitės ir leiskite atvėsti.

Už žiedinį tortą

f) Supilkite net šaukštus tešlos ant neteptos sausainių skardos, kad susidarytumėte 12 colių ovalą. Kepkite iki auksinės rudos spalvos, 45–50 minučių. Išimkite iš orkaitės ir palikite atvėsti.

Surinkti

g) Paruoškite glajų. Perpjaukite grietinėlę, eklerą arba žiedinį pyragą per pusę. Užpildykite ledais ir vėl uždėkite viršų (-es).

h) Jei norite grietinėlės, kiekvieno sluoksnio viršų pamerkite į šokoladą. Jei norite eklerų, gausiai užtepkite ant jų glajų. Žiediniam pyragui į glajų įmaišykite papildomus 5 šaukštus pieno; aptepkite juo žiedinį pyragą.

i) Norėdami patiekti, kepinius ar pyrago riekeles išdėliokite lėkštėse.

84. Ledų sausainių sumuštinis

Ingridientai

- 12 šokoladinių sausainių
- 2 puodeliai vanilinių (ar kitokio skonio) ledų, suminkštinti

Nurodymai:

a) Sudėkite sausainius ant padėklo į šaldiklį.

b) Suminkštintus ledus paskleiskite plokščioje keptuvėje arba inde iki maždaug 1/2 colio storio ir vėl užšaldykite. Kai vėl bus kietas, bet ne kietas, supjaustykite 6 ledų apskritimus, kad tilptų sausainiai. Ledus iš keptuvės atsargiai perkelkite ant 6 sausainių.

c) Ant viršaus uždėkite antrą sausainį. Paspauskite, kad gerai užsandarintumėte, ir užšaldykite, kol paruošite valgyti. Jei gerai sušalę, išimkite iš šaldiklio likus 10-15 minučių prieš valgydami, kitaip jie bus labai kieti.

d) Suvalgykite per porą dienų.

Tarnauja 6

85.   Itališki braškių sumuštiniai

Padaro: nuo 12 iki 16 sumuštinių

Ingridientai

- 1 puodelis nepieninio margarino, suminkštinto
- 3/4 puodelio išgarinto cukranendrių cukraus, padalinta
- 2 arbatiniai šaukšteliai vanilės ekstrakto
- 2-1/4 stiklinės nebalintų universalių miltų

Kryptys

a) Dideliame dubenyje sumaišykite margariną, 1/2 puodelio cukraus ir vanilę, kol gerai susimaišys. Dalimis suberkite miltus ir maišykite, kol tešla taps minkšta ir lygi. Padalinkite tešlą per pusę ir kiekvieną pusę suformuokite į stačiakampį rąstą, maždaug 5 colių ilgio, 3 colių pločio ir 2 colių aukščio. Pabarstykite likusį 1/4 puodelio cukraus ant švaraus paviršiaus ir apvoliokite kiekvieną rąstą, kad padengtumėte išorę. Kiekvieną rąstą apvyniokite plastikine plėvele ir laikykite šaldytuve mažiausiai 2 valandas.

b) Įkaitinkite orkaitę iki 375 ° F. Dvi kepimo skardas išklokite kepimo popieriumi.

c) Išimkite sausainių tešlos rąstus iš šaldytuvo. Aštriu peiliu supjaustykite rąstus 1/4 colio storio griežinėliais, pjaudami spausdami rąsto šonus, kad išlaikytumėte formą. Supjaustytus sausainius dėkite ant paruoštų kepimo skardų 1 colio atstumu vienas nuo kito. Kepkite 8-10 minučių arba tol, kol kraštai lengvai paruduos.

d) Išėmus iš orkaitės, leiskite sausainiams atvėsti ant keptuvės 5 minutes, tada perkelkite ant grotelių. Leiskite sausainiams visiškai atvėsti. Laikyti hermetiškame inde

86. Sumuštiniai su morkų pyragu

Padaro: nuo 12 iki 16 sumuštinių

Ingridientai

- 2 puodeliai nebalintų universalių miltų
- 1/2 arbatinio šaukštelio kepimo miltelių
- 2 arbatinius šaukštelius malto cinamono
- 1/2 arbatinio šaukštelio malto imbiero
- 1/4 arbatinio šaukštelio malto muskato riešuto
- 1/4 arbatinio šaukštelio druskos
- 3/4 puodelio nepieno margarino, kambario temperatūros
- 1 puodelis supakuoto tamsiai rudojo cukraus
- 1/2 puodelio išgarinto cukranendrių cukraus
- 2 arbatiniai šaukšteliai vanilės ekstrakto
- 1-1/2 puodelio smulkiai susmulkintų morkų (apie 2 vidutinio dydžio morkos)
- 1/3 puodelio skrudinto, susmulkinto kokoso (nebūtina)
- 1/3 puodelio susmulkintų graikinių riešutų (nebūtina)

Kryptys

a) Įkaitinkite orkaitę iki 350 ° F. Dvi kepimo skardas išklokite kepimo popieriumi.

b) Nedideliame dubenyje sumaišykite miltus, kepimo miltelius, cinamoną, imbierą, muskato riešutą ir druską.

Dideliame dubenyje sumaišykite margariną, rudąjį cukrų, cukranendrių cukrų ir vanilę. Sudėkite sausus ingredientus į šlapius dalimis iki vientisos masės, tada įmaišykite susmulkintas morkas, kokosą ir graikinius riešutus, jei naudojate.

c) Naudodami sausainių lašintuvą arba šaukštą, ant paruoštų kepimo skardų maždaug 2 colių atstumu vienas nuo kito užmeskite kupinus kaušelius tešlos. Švelniai paspauskite kiekvieną sausainį žemyn.

d) Kepkite 9-11 minučių arba tol, kol kraštai bus šiek tiek auksiniai. Išimkite iš orkaitės ir leiskite atvėsti ant kepimo skardos 5 minutes, tada išimkite atvėsti ant grotelių. Leiskite sausainiams visiškai atvėsti. Laikyti hermetiškame inde

87. Imbiero riešutų ledai

Padaro: 1 kv

- 2 puodeliai nepieno pieno (riebesnio, pavyzdžiui, sojos ar kanapių)
- 3/4 puodelio išgarinto cukranendrių cukraus
- 1 arbatinis šaukštelis malto imbiero
- 1 arbatinis šaukštelis vanilės ekstrakto
- 1-1/2 puodelio žalių anakardžių
- 1/16 arbatinio šaukštelio guaro dervos
- 1/3 puodelio smulkiai supjaustyto cukruoto imbiero

Kryptys

a) Dideliame puode suplakite pieną ir cukrų. Ant vidutinės ugnies užvirinkite mišinį, dažnai plakdami. Kai tik užvirs, sumažinkite ugnį iki vidutinės ir nuolat plakite, kol cukrus ištirps, maždaug 5 minutes. Nukelkite nuo ugnies, suberkite imbierą ir vanilę ir išplakite, kad susimaišytų.

b) Anakardžius sudėkite į karščiui atsparaus dubenėlio dugną ir užpilkite karštu pieno mišiniu. Leiskite visiškai atvėsti. Atvėsusį mišinį perkelkite į virtuvinį kombainą arba greitaeigį trintuvą ir sutrinkite iki vientisos masės, jei reikia, nustokite nubraukti šonus. Apdorojimo pabaigoje pabarstykite guaro dervą ir įsitikinkite, kad ji gerai įsimaišė.

c) Supilkite mišinį į 1-1/2 arba 2 litrų ledų gaminimo aparato dubenį ir apdorokite pagal gamintojo instrukcijas. Kai ledai bus paruošti, švelniai įmaišykite cukruotą imbierą. Prieš surinkdami sumuštinius, laikykite sandariame inde šaldytuve mažiausiai 2 valandas.

Sumuštiniams gaminti

d) Leiskite ledams šiek tiek suminkštėti, kad juos būtų lengva semti. Pusę sausainių padėkite dugnu į viršų ant švaraus paviršiaus. Ant kiekvieno sausainio viršaus užmaukite po vieną gausų kaušelį ledų, maždaug 1/3 puodelio. Ant ledų uždėkite likusius sausainius, o sausainių dugnai liestų ledus.

e) Švelniai paspauskite sausainius, kad jie būtų lygūs. Kiekvieną sumuštinį apvyniokite plastikine plėvele arba vaškuotu popieriumi ir grįžkite į šaldiklį bent 30 minučių prieš patiekdami.

88. Šokoladinis sausainis ir vanilinis sumuštinis

Ingridientai

- 1/3 puodelio nepieno margarino, kambario temperatūros
- 2/3 puodelio išgarinto cukranendrių cukraus
- 2 šaukštai nepieno pieno
- 1/4 arbatinio šaukštelio švelnaus acto
- 1 arbatinis šaukštelis vanilės ekstrakto
- 3/4 puodelio nebalintų universalių miltų
- 1/3 puodelio nesaldintos kepimo kakavos, išsijotos
- 1/2 arbatinio šaukštelio kepimo miltelių
- 1/8 arbatinio šaukštelio druskos

Kryptys

a) Įkaitinkite orkaitę iki 375 ° F. Kepimo skardą išklokite kepimo popieriumi.
b) Vidutiniame dubenyje sumaišykite margariną ir cukrų. Įmaišykite pieną, actą ir vanilę. Nedideliame dubenyje sumaišykite miltus, kakavą, kepimo miltelius ir druską. Sudėkite sausus ingredientus į šlapius ir gerai išmaišykite.
c) Išverskite ant paruoštos kepimo skardos. Ant tešlos uždėkite vaškuoto popieriaus lakštą ir iškočiokite į maždaug 1/4 colio storio kvadratą. Nuimkite vaškuotą popierių ir kepkite 10-12 minučių, kol kraštai sustings ir šiek tiek išsipūs. Jis atrodys minkštas ir nevisiškai iškepęs, bet taip yra.

d) Išimkite iš orkaitės ir leiskite atvėsti apie 15 minučių ant kepimo skardos ant grotelių. Atsargiai supjaustykite norimos formos sausainius. Galite naudoti stiklinę arba sausainių pjaustytuvą, kad jie būtų apvalūs, arba maksimaliai padidinkite tešlą supjaustydami juos vienodo dydžio kvadratėliais.
e) Išimkite sausainius iš lakšto ir leiskite baigti atvėsti ant grotelių.

89. Vanilinių sojų ledų sumuštinis

Padaro: 1-1/4 kv

Ingridientai

- 3/4 puodelio išgarinto cukranendrių cukraus
- 1 valgomasis šaukštas plius 2 arbatiniai šaukšteliai tapijokos krakmolo
- 2-1/2 puodelio sojos arba kanapių pieno (viso riebumo)
- 1 arbatinis šaukštelis kokosų aliejaus
- 2 arbatiniai šaukšteliai vanilės ekstrakto

Kryptys

a) Dideliame puode sumaišykite cukrų ir tapijokos krakmolą ir plakite, kol susimaišys. Supilkite pieną, plakdami, kad įsimaišytų.
b) Ant vidutinės ugnies užvirinkite mišinį, dažnai plakdami. Kai tik jis užvirs, sumažinkite ugnį iki vidutinės ir nuolat plakite, kol mišinys sutirštės ir padengs šaukšto nugarą, maždaug 5 minutes. Nukelkite nuo ugnies, įpilkite kokosų aliejaus ir vanilės ir išmaišykite, kad susimaišytų.
c) Perkelkite mišinį į karščiui atsparų dubenį ir leiskite visiškai atvėsti.
d) Supilkite mišinį į 1-1/2 arba 2 litrų ledų gaminimo aparato dubenį ir apdorokite pagal gamintojo instrukcijas. Prieš surinkdami sumuštinius, laikykite sandariame inde šaldytuve mažiausiai 2 valandas.

Sumuštiniams gaminti

e) Leiskite ledams šiek tiek suminkštėti, kad juos būtų lengva semti. Pusę sausainių padėkite dugnu į viršų ant švaraus paviršiaus. Ant kiekvieno sausainio viršaus

užmaukite po vieną gausų kaušelį ledų, maždaug 1/3 puodelio.
f) Ant ledų uždėkite likusius sausainius, o sausainių dugnai liestų ledus. Švelniai paspauskite sausainius, kad jie būtų lygūs.
g) Kiekvieną sumuštinį apvyniokite plastikine plėvele arba vaškiniu popieriumi ir prieš patiekdami grįžkite į šaldiklį bent 30 minučių.

90. Rentgeno spindulių ledų sumuštiniai

Padaro: nuo 12 iki 16 sumuštinių

Ingridientai

- 2 puodeliai nebalintų universalių miltų
- 1 arbatinis šaukštelis kepimo sodos
- 1/4 arbatinio šaukštelio druskos
- 1 puodelis nepieninio margarino, kambario temperatūros
- 1/2 puodelio supakuoto rudojo cukraus
- 1/2 puodelio išgarinto cukranendrių cukraus
- 1 arbatinis šaukštelis kukurūzų krakmolo
- 2 šaukštai nepieno pieno
- 1-1/2 arbatinio šaukštelio vanilės ekstrakto

Kryptys

a) Įkaitinkite orkaitę iki 350 ° F. Dvi kepimo skardas išklokite kepimo popieriumi.

b) Nedideliame dubenyje sumaišykite miltus, soda ir druską. Dideliame dubenyje sumaišykite margariną, rudąjį cukrų ir cukranendrių cukrų. Kukurūzų krakmolą ištirpinkite piene nedideliame dubenyje ir supilkite į margarino mišinį kartu su vanile. Į šlapius dalimis sudėkite sausus ingredientus ir išmaišykite iki vientisos masės.

c) Sausainių lašintuvu arba šaukštu supilkite kupinus šaukštus tešlos ant paruoštų kepimo skardų maždaug 2 colių atstumu vienas nuo kito. Kepkite 8-10 minučių arba tol, kol kraštai bus šiek tiek auksiniai.

d) Išimkite iš orkaitės ir leiskite atvėsti ant keptuvės 5 minutes, tada išimkite atvėsti ant grotelių. Leiskite sausainiams visiškai atvėsti. Laikyti hermetiškame inde.

91. Šokoladiniai sojų ledai

Padaro: 1-1/4 kv

Ingridientai

- 3/4 puodelio išgarinto cukranendrių cukraus
- 1/3 puodelio nesaldintos kepimo kakavos, išsijotos
- 1 valgomasis šaukštas tapijokos krakmolo
- 2-1/2 puodelio sojos arba kanapių pieno (viso riebumo)
- 2 arbatinius šaukštelius kokosų aliejaus
- 2 arbatiniai šaukšteliai vanilės ekstrakto

Kryptys

a) Dideliame puode sumaišykite cukrų, kakavą ir tapijokos krakmolą ir plakite, kol kakava ir krakmolas susimaišys su cukrumi. Supilkite pieną, plakdami, kad įsimaišytų. Ant vidutinės ugnies užvirinkite mišinį, dažnai plakdami.

b) Kai tik jis užvirs, sumažinkite ugnį iki vidutinės ir nuolat plakite, kol mišinys sutirštės ir padengs šaukšto nugarą, maždaug 5 minutes. Nukelkite nuo ugnies, supilkite kokosų aliejų ir vanilę ir išplakite, kad susimaišytų.

c) Perkelkite mišinį į karščiui atsparų dubenį ir leiskite visiškai atvėsti.

d) Supilkite mišinį į 1-1/2 arba 2 litrų ledų gaminimo aparato dubenį ir apdorokite pagal gamintojo instrukcijas. Prieš surinkdami sumuštinius, laikykite sandariame inde šaldytuve mažiausiai 2 valandas.

e) Leiskite ledams šiek tiek suminkštėti, kad juos būtų lengva semti. Pusę sausainių padėkite dugnu į viršų ant švaraus paviršiaus. Ant kiekvieno sausainio viršaus užmaukite po vieną gausų kaušelį ledų, maždaug 1/3 puodelio. Ant ledų uždėkite likusius sausainius, o sausainių dugnai liestų ledus.

f) Švelniai paspauskite sausainius, kad jie išsilygintų. Kiekvieną sumuštinį apvyniokite plastikine plėvele arba vaškuotu popieriumi ir prieš patiekdami grįžkite į šaldiklį bent 30 minučių.

92. Dvigubi šokoladiniai sumuštiniai

Padaro: nuo 12 iki 16 sumuštinių

Ingridientai

- 1 puodelis nebalintų universalių miltų
- 1/2 puodelio nesaldintos kepimo kakavos, išsijotos
- 1/2 arbatinio šaukštelio kepimo sodos
- 1/4 arbatinio šaukštelio druskos
- 1/4 puodelio nepieninio šokolado drožlių, ištirpinto
- 1/2 puodelio nepieno margarino, suminkštinto
- 1 puodelis išgarinto cukranendrių cukraus
- 1 arbatinis šaukštelis vanilės ekstrakto

Kryptys

a) Įkaitinkite orkaitę iki 325 ° F. Dvi kepimo skardas išklokite kepimo popieriumi.
b) Vidutiniame dubenyje sumaišykite miltus, kakavos miltelius, kepimo soda ir druską. Dideliame dubenyje elektriniu rankiniu maišytuvu sutrinkite ištirpintus šokolado drožles, margariną, cukrų ir vanilę, kol gerai susimaišys. Į šlapius dalimis sudėkite sausus ingredientus, kol jie visiškai įsimaišys.
c) Ant paruoštų kepimo skardų maždaug 2 colių atstumu vienas nuo kito susmulkinkite mažus tešlos rutuliukus, maždaug didelio marmuro dydžio (maždaug 2 arbatinius šaukštelius). Lengvai sutepkite šaukšto nugarėlę ir švelniai bei tolygiai paspauskite kiekvieną sausainį, kol jis išsilygins ir bus maždaug 1-1/2 colio pločio. Kepkite 12

minučių arba kol sutvirtės kraštai. Jei kepate abu lakštus vienu metu, apverskite lakštus iki pusės.

d) Išėmus iš orkaitės, leiskite sausainiams atvėsti ant keptuvės 5 minutes, tada perkelkite ant grotelių. Leiskite sausainiams visiškai atvėsti. Laikyti hermetiškame inde

93. Šokoladinis kokoso ledų sumuštinis

Padaro: 1 kv

Ingridientai

- 3/4 puodelio išgarinto cukranendrių cukraus
- 1/3 puodelio nesaldintos kepimo kakavos, išsijotos
- 1 (13,5 uncijos) skardinė riebaus kokosų pieno (ne šviesaus)
- 1 puodelis nepieninio pieno
- 1 arbatinis šaukštelis vanilės ekstrakto

Kryptys

a) Dideliame puode sumaišykite cukrų ir kakavą ir plakite, kol kakava susimaišys su cukrumi. Supilkite kokosų pieną ir kitą nepieną, plakdami, kad įsimaišytų. Ant vidutinės ugnies užvirinkite mišinį, dažnai plakdami. Kai tik užvirs, sumažinkite ugnį iki vidutinės ir nuolat plakite, kol cukrus ištirps, maždaug 5 minutes. Nukelkite nuo ugnies ir plakdami suberkite vanilę.

b) Perkelkite mišinį į karščiui atsparų dubenį ir leiskite visiškai atvėsti.

c) Supilkite mišinį į 1-1/2 arba 2 litrų ledų gamintojo dubenį ir apdorokite pagal gamintojo instrukcijas. Prieš surinkdami sumuštinius, laikykite sandariame inde šaldytuve mažiausiai 2 valandas.

d) Leiskite ledams šiek tiek suminkštėti, kad juos būtų lengva semti. Pusę sausainių padėkite dugnu į viršų ant švaraus paviršiaus. Ant kiekvieno sausainio viršaus užmaukite po vieną gausų kaušelį ledų, maždaug 1/3 puodelio. Ant ledų uždėkite likusius sausainius, o sausainių dugnai liestų ledus.

e) Švelniai paspauskite sausainius, kad jie išsilygintų. Kiekvieną sumuštinį apvyniokite plastikine plėvele arba vaškiniu popieriumi ir prieš patiekdami grįžkite į šaldiklį bent 30 minučių.

94.   Šaldyti šokoladiniai bananai

Ingridientai

- 4 kieti, bet prinokę maži bananai
- 6 uncijos. pieniškas šokoladas, susmulkintas gabaliukais
- 6 šaukštai riebios grietinėlės
- 4 šaukštai apelsinų sulčių

Kryptys

a) Bananus su odelėmis šaldykite maždaug 2 valandoms.

b) Nedidelėje keptuvėje ištirpinkite šokoladą su grietinėle ir apelsinų sultimis, retkarčiais pamaišydami, kol išsilydys ir taps vientisa. Supilkite į šaltą dubenį ir palikite, kol pradės tirštėti ir atvėsti. Neleiskite per šaltai, kitaip jis lengvai neapsidės.

c) Išimkite bananus iš šaldiklio ir tvarkingai nuimkite odeles. Kiekvieną bananą panardinkite į šokoladą, kad jis gerai pasidengtų, tada išimkite jį vienu ar dviem ilgais mediniais iešmeliais. Laikykite bananą virš dubens, kol šokolado perteklius nuvarvėtų. Tada padėkite bananą ant vaškuoto popieriaus, kol šokoladas sustings. Supjaustykite į 2 arba 3 dalis ir grąžinkite į šaldiklį, kol bus paruošta patiekti.

d) Jei norite, į kiekvieną porciją įdėkite popsicle lazdelę.

e) Šie bananai blogai išsilaiko ir turėtų būti valgomi tą dieną, kai jie gaminami.

95. Ledų sausainių sumuštinis

Ingridientai

- 12 šokoladinių sausainių
- 2 puodeliai vanilinių (ar kitokio skonio) ledų, suminkštinti

Kryptys

a) Sudėkite sausainius ant padėklo į šaldiklį.

b) Suminkštintus ledus paskleiskite plokščioje keptuvėje arba inde iki maždaug 1/2 colio storio ir vėl užšaldykite. Kai vėl bus kietas, bet ne kietas, supjaustykite 6 ledų apskritimus, kad tilptų sausainiai. Ledus iš keptuvės atsargiai perkelkite ant 6 sausainių.

c) Ant viršaus uždėkite antrą sausainį. Paspauskite, kad gerai užsandarintumėte, ir užšaldykite, kol paruošite valgyti. Jei gerai sušalę, išimkite iš šaldiklio likus 10-15 minučių prieš valgydami, kitaip jie bus labai kieti.

d) Suvalgykite per porą dienų.

Tarnauja 6

SNICKERDOODLE

96. Snickerdoodles iš kukurūzų miltų

Išeiga: 4 porcijos

Ingridientai

- 1 puodelis nesūdyto sviesto kambaryje
- Temperatūra
- ⅓ puodelio medaus
- ⅓ puodelio cukraus
- 2 dideli kiaušiniai kambario temperatūroje
- Smulkiai tarkuota žievelė iš 1
- Citrina
- ½ arbatinio šaukštelio vanilės
- 1½ stiklinės miltų
- 1 puodelis geltonųjų kukurūzų miltų
- 1 arbatinis šaukštelis Kepimo milteliai
- ½ arbatinio šaukštelio druskos
- Cukrus sausainiams apvolioti

Kryptys

a) Sumaišykite sviestą, medų ir cukrų. Įmuškite kiaušinius ir įmaišykite citrinos žievelę bei vanilę. Atskirame dubenyje sumaišykite miltus, kukurūzų miltus, kepimo miltelius ir druską.

b) Sumaišykite sausus ingredientus į kreminį mišinį dviem etapais, kol tolygiai susimaišys. Tešlą uždenkite ir šaldykite 3 valandas.

c) Gali būti šaldytuve per naktį. Įkaitinkite orkaitę iki 375 ir sutepkite sausainių lakštus. Iš tešlos suformuokite $1\frac{1}{4}$ colio rutuliukus. Rutuliukus apvoliokite cukruje ir padėkite ant lakštų maždaug 2 colių atstumu vienas nuo kito.

d) Kepkite 15 minučių, kol viršus šiek tiek atsparus švelniam piršto spaudimui.

e) Atvėsinkite ant grotelių.

97. Mažo riebumo snickerdoodles

Išeiga: 1 porcija

Ingridientai

- 1½ stiklinės cukraus
- ½ puodelio margarino
- 1 arbatinis šaukštelis vanilės
- ½ puodelio kiaušinio pakaitalas
- 2¾ puodelio miltų
- 1 arbatinis šaukštelis dantų akmenų kremas
- ½ arbatinio šaukštelio kepimo soda
- ¼ arbatinio šaukštelio druskos
- 2 šaukštai Cukrus
- 2 arbatiniai šaukšteliai cinamono

Kryptys

a) 1½ stiklinės cukraus ir margarino išplakti iki šviesumo. Įmuškite vanilę ir kiaušinio pakaitalą. Įmaišykite miltus, grietinėlę tartų, soda ir druską. Atvėsinkite tešlą maždaug 1-2 valandas.

b) Sumaišykite 2 šaukštus cukraus ir cinamono. Iš tešlos suformuokite 48–1 colio rutuliukus. Apvolioti cukraus/cinamono mišinyje.

c) Padėkite rutuliukus ant sausainių lakštų, kurie buvo apipurkšti Pam.

d) Kepkite 400 laipsnių temperatūroje 8-10 minučių. Atvėsinkite ant grotelių.

98. Viso grūdo kviečių snickerdoodles

Išeiga: 60 porcijų

Ingridientai

- 1½ stiklinės cukraus
- 1 puodelis sviesto, suminkštintas
- 1 kiaušinis plius
- 1 Kiaušinio baltymas
- 1½ stiklinės pilno grūdo kvietinių miltų
- 1¼ puodelio universalių miltų
- 1 arbatinis šaukštelis Kepimo soda
- ¼ arbatinio šaukštelio druskos
- 2 šaukštai Cukrus
- 2 arbatiniai šaukšteliai Malto cinamono

Kryptys

a) Dubenyje suplakite grietinėlės cukrų ir sviestą iki purios masės. Įdėkite kiaušinį ir kiaušinio baltymą; gerai mušti. Sumaišykite sausus ingredientus; supilkite į grietinėlės mišinį ir gerai išplakite. Nedideliame dubenyje sumaišykite užpilo ingredientus.

b) Iš tešlos suformuokite graikinio riešuto dydžio rutuliukus; apvoliokite cinamone-cukruje.

c) Išdėliokite 2 atskirai į riebalais neteptas kepimo skardas. Kepkite 400 laipsnių temperatūroje 8-10 minučių.

d) Kepdami sausainiai gerai išsipučia ir išsilygina.

99. Snickerdoodles kiaušinienė

Išeiga: 48 porcijos

Ingridientai

- 2¾ puodelio universalių miltų
- 2 arbatiniai šaukšteliai dantų akmenų kremas
- 1½ stiklinės cukraus
- 1 arbatinis šaukštelis Kepimo soda
- 1 stiklinė suminkštinto sviesto
- ¼ arbatinio šaukštelio druskos
- 2 Kiaušiniai
- ½ arbatinio šaukštelio brendžio ekstrakto
- ½ arbatinio šaukštelio romo ekstrakto

Cukraus mišinys

- ¼ puodelio cukraus arba spalvoto cukraus
- 1 arbatinis šaukštelis Muskato riešutas

Kryptys

a) Įkaitinkite orkaitę: 400 3 kv. maišytuvo dubenyje sumaišykite visus sausainių ingredientus.

b) Plakite mažu greičiu, dažnai braukdami dubens šonus, kol gerai susimaišys (2–4 min.).

c) Mažame dubenyje sumaišykite cukraus mišinį; maišykite, kad susimaišytų. Iš tešlos suapvalinkite arbatinį šaukštelį 1 colio rutuliukų; apvoliokite cukraus mišinyje.

d) Padėkite 2 colių atstumu vienas nuo kito ant neteptų sausainių lakštų. Kepkite šalia 400 laipsnių orkaitės vidurio 8–10 min. arba kol kraštai lengvai paruduos.

100. Šokoladiniai snickerdoodles

Išeiga: 1 porcija

Ingridientai

- $2\frac{1}{4}$ puodelio cukraus
- 2 arbatiniai šaukšteliai Moliūgų pyrago prieskonių
- $\frac{1}{2}$ puodelio kakavos miltelių
- 1 puodelis sviesto, suminkštintas
- 2 Kiaušiniai
- 2 arbatiniai šaukšteliai vanilės ekstrakto
- $2\frac{1}{4}$ puodelio miltų
- $1\frac{1}{2}$ arbatinio šaukštelio Kepimo miltelių

Kryptys

a) Dideliame maišytuvo dubenyje sumaišykite cukrų ir prieskonius; atidėkite $\frac{1}{2}$ puodelio mišinio į negilų dubenį.

b) Į maišytuvo dubenį įpilkite kakavos miltelių; maišykite, kad susimaišytų. Pridėti sviesto; plakti vidutiniu greičiu iki purumo.

c) Įmaišykite kiaušinius ir vanilę. Įmaišykite miltus ir kepimo miltelius.

d) Iš tešlos suformuokite rutulį ir apvoliokite cukraus mišinyje.

e) Pakartokite procedūrą su likusia tešla ir padėkite 2 colių atstumu vienas nuo kito ant riebalais išteptų sausainių lakštų.

f) Kepkite 350 laipsnių orkaitėje 12-15 minučių arba kol kraštai sutvirtės. Atvėsinkite ant grotelių.

g) Padaro apie 4-½ tuzino sausainių.

IŠVADA

Kas nemėgsta sausainių. Tik pagalvokite: be orkaičių neturėtume šių nuostabių skanėstų. Tiesą sakant, sausainis buvo išrastas dar prieš termostatus, siekiant išsiaiškinti, ar primityvios orkaitės yra tinkama temperatūra pyragams kepti. Užuot sugadinęs visą pyragą, pirmiausia buvo išbandytas „mažas pyragas" arba sausainis. Tuo metu niekas nemanė, kad „bandomasis pyragas" taps skanėstu, turinčiu savo žavesio.

Sausainiai yra maži, saldūs, plokšti, sausi pyragaičiai – vienos porcijos patiekalas. Paprastai jie gaminami iš miltų, tačiau gali būti ir be miltų – pavyzdžiui, pagaminti iš kiaušinių baltymų ir (arba) migdolų, pavyzdžiui, makaronų, arba iš miltų be glitimo, pavyzdžiui, ryžių miltai. Sausainiai gali būti minkšti, kramtomi arba traškūs. Jie gali būti dideli arba maži, paprasti arba puošnūs. Jie gali būti paprasti – sviestas ir cukrus – arba sudėtingi, su daugybe ingredientų, arba sumuštiniai su sausainiais, dviem sluoksniais ir įdaru. Tačiau jie atsirado seniai – ne kaip skanėstas ar patogus maistas, o kaip orkaitės reguliatorius!

www.ingramcontent.com/pod-product-compliance
Lightning Source LLC
Chambersburg PA
CBHW071604080526
44588CB00010B/1016